脳を育てれば
会話力がみるみる伸びる！

ことばが遅い自閉症児の
おうち療育

今川ホルン
発達科学コミュニケーションマスタートレーナー
公認心理師

パステル出版

もくじ

第2章 自閉症ってそもそもなあに？

第5章　自閉症児の会話力が伸びる7つのテクニック

第6章 おうち療育のよくあるお悩み NG対応とOK対応

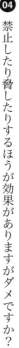

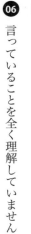

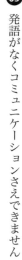

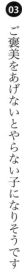

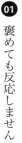

エピローグ

プロローグ　脳が育てばことばも増える

朝起きたら普通の子になっていればいいのに

２０１２年の冬、私は待望の長女を妊娠しました。真っ先に報告したかったのは、誰よりも私のことをかわいがってくれた父。しかし、当時父は末期のがんで闘病しており、私の誕生月である４月、初孫の顔を見ないまま天国に旅立ちました。

ゆずり葉のように父から大事な命を譲られて宿ったわが子を、私たちは〝ゆずちゃん〟と名づけました。おなかを元気よく蹴飛ばすゆずちゃんに、かつて父が私にくれたものを全部この子にも与えてあげよう、と私は心に決めていました。お人形ごっこ、レースのスカート、ピアノ、大好きだった幼稚園……。

けれど、生まれてきたゆずちゃんは自閉症。

お人形どころかママの目も見ないし、スカートどころか服を着るのさえ嫌がりました。父が買ってくれたピアノには、よじ登っておしっこする始末……。幼稚園は発達が遅いことを理由に入園を断られました。

理想の子育てとは遠くかけ離れた現状に、私は疲労困憊《こんぱい》。娘が3歳になるころには、毎日1人になることばかり考えるようになりました。

朝起きたら普通の子になっていればいいのに――。

どんなにそう願っても、娘はしゃべれないまま、来る日も来る日も私を困らせてばかりでした。4歳で知的障害の診断を受けて障害者手帳をもらい、「ああ、この子は一生障害者なんだ」と気づいたときに、私は全てを諦めました。娘とおしゃべりすることさえ願わないほうが気持ちが楽だったので、医師や学校の先生には「この子は障害があるので、ことばが話せなくても、字が書けなくても構いません」と言い続けました。

私はもともと臨床心理士で、夫は理学療法士です。お互いに障害の知識があるにもかかわらず、自閉症の娘の子育てがうまくいかず、私たちはいつもイライラしていました。

「早くして！」「迷惑かけないで！」「なんでおしっこ失敗するの？」と、きついことばで何度娘を叱りつけたことでしょう。

いま思うと、娘は叱ってばかりの私たちに反発するかのように、いつも癇癪《かんしゃく》を起こしていました。そして、ほとんどことばを話せないまま小学校に入学。入学当初に学校からもらった書類には、「おはようが『よう』、大丈夫が『おぶ』のような音が出ています」と書かれていました。

私たち親子の運命を変えた一斉休校

新型コロナウイルスの感染症拡大で、学校が一斉休校になったときのことです。ちょうど次男を出産したばかりで育児休暇中だった私は、24時間娘と一緒に生活することになりました。すると驚いたことに、娘がみるみる落ち着き、心なしかコミュニケーション力が上がったように感じたのです。

休校前のように、仕事に行く時間を気にしながら、娘の手を引っ張って学校に行かずに済む状況が、良い影響を与えたようです。

誰かに迷惑をかけることばかり気にしていた私は、皮肉にもステイホームで社会と断絶されたことで、心が穏やかになり、娘を叱ることが減っていきました。その結果、娘の表情がやわらかくなり、私に気持ちを伝えようとする意欲が高まっていったのです。

もしかして自閉症の子って、おうちで伸びるの!?

そう感じた私は、おうち療育について調べはじめました。このとき、『発達科学コミュニケーション』の創始者である吉野加容子《よしのかよこ》さんの著書と出会ったことが、私の運命を大きく変えることになったのです。

発達は脳を育てることである――。このコンセプトに惹《ひ》かれた私は、吉野さんの著書を一気に読み終えました。

思い返せば、臨床心理学の大学院でも脳の授業はわずか3日間の特別講義だけ。臨床心理士の資格を持っていても、どうやってわが子の脳を発達させられるのか、私は全くわかっていませんでした。

子育てに役立つ脳科学を学びたい！

自閉症の娘の脳を発達させる専門家になりたい！

私は『発達科学コミュニケーション』を本格的に学ぼうと決意したのです。

ことばを発達させるには脳を育てればいい

『発達科学コミュニケーション』は、脳科学に基づいて開発された **〝子どもの脳を育てる声かけメソッド〟** です。

しかし、ここで脳を育てる正しいコミュニケーションを学ぶのは、支援が必要な子どもたちではありません。日々子どもと向き合うママやパパです。**子どもを取り巻く大人が毎日正しい声かけを実践するだけで、子どもは必ず変わっていきます。**

『発達科学コミュニケーション』を学んでから、私は叱ることをやめ、娘のできたことに注目するコミュニケーションを心がけるようにしました。すると娘が素直に動いてくれることが増えて、表情も明るくなりました。3カ月もすると「ママ大好き」「ドキドキした」など、気持ちをことばにできるようになり、本当に驚きました。

娘の成長を目の当たりにして「ことばの発達は脳を育てればいい！」と確信した私は、臨床心理士の仕事を辞め、『発達科学コミュニケーション』のトレーナーになりました。

現在、私のスクールでは、わが子のことばが遅いと悩む多くのママやパパが『発達科学コミュニケーション』を学び、実践しています。

「ママって言えるようになりました！」「目を見て笑ってくれました！」「学校で初めておしゃべりしました！」など、毎日のように届く驚きと喜びの報告は、知的障害のある自閉症の子どもたちが起こす奇跡のような感動エピソードにあふれています。

自閉症の子どもたちの可能性は無限です。あなたのお子さんも、脳科学の力を借りれば、とうてい無理と諦めていたことが叶《かな》えられるはずです。

もう1人で悩まないで！　ひろ君ママにこの本が届きますように

私はもともと児童発達支援事業所に勤める臨床心理士で、個別療育や小集団療育を担当していました。年長までしか療育を受けられない施設でしたが、毎年卒園する子どもたちとご両親を見送るときにはいつも「彼らの能力をもっと伸ばすことはできなかっただろうか？」という葛藤がありました。なぜなら、親御さんたちはみな口をそろえて「思うようにことばを話す力が伸びず不安です」と漏らしていたからです。

私が担当していたひろ君のママも、その1人でした。ひろ君は能力の高い子なのに園で叱られることも多く、自信がなくて気持ちを伝えられず、活動にうまく参加できないことが就学に向けた課題でした。

ママがフルタイムで仕事をしながら、何年も頑張って療育に通っていることを知っているだけに、私もどうにかしてあげたいと必死でした。しかし「1年生になるんだから」とご両親や先生があの手この手で席に座らせようとしても、ひろ君はわざとふざけたり床に寝そべったりしては、大人に抵抗していました。

支援会議でひろ君の心の安定を最優先することが決まると、年長の最後はグループ療育を抜けて、ひろ君が選んだ簡単なパズルを2人でおこなう個別療育に切り替えられました。

「これで本当にいいのかな？　もっともっとできる子なのに……」

私はとても悩みました。

「また園で叱られ、暴れてしまいました。学校でやっていけるか不安です」と肩を落とすひろ君のママに、「これからは、ママがわが子の発達について舵《かじ》を取らないといけません」と伝えた日のことを、私はいまも忘れません。どうにかしてわが子を発達させたいと願い、仕事の休みまで取って療育に通い続けている人に、私はまるで発達の責任を押しつけるかのように「これからはママがやるしかないよ」とバトンだけを手渡したのです。

親が子どもの発達の舵《かじ》を取ることは、決して間違いではありません。しかし、ひろ君のママはその方法を誰にも教わらず、親としての責任だけを突きつけられ、発達支援の現場から手放されたのです。どんなにか心細く、不安だったことでしょう。就学したいまも親子で苦しんでいるのではないかと胸が痛みます。

その後も、小学校に上がることへの不安を訴える親御さんは後を絶ちませんでした。そんな現状を変えたいと長年考え続けていた私に、1つの答えをくれたのが『発達科学コミュニケーション』です。

ひろ君ママのように、日々の困りごとに振り回されて八方塞がりになっている自閉症児のママやパパに「もう1人で悩まなくても大丈夫だよ」とエールを届けるため、私はこの本を書くことに決めました。

本書では、実際に『発達科学コミュニケーション』をおうちで実践した親子の中から7組の親子に登場していただき、それぞれのお悩み解決ストーリーを紹介しながら、自閉症児のことばを伸ばすテクニックについて解説しています。自閉症の子のことばの問題を解決するには、実際にわが子のことばを伸ばすことができたママやパパが、どんな声かけをし、どんなテクニックを使ったのかを知り、置き換えるのが近道だからです。

わが子とのおしゃべりを諦めてしまった親御さんが、**自分の声かけを変えるだけで自閉症の子のことばを伸ばせる**ことに気づき、子育ての道しるべを見いだせるようになることを期待しています。

大丈夫！　脳が育てばことばも伸びます！

どうか諦めずに、このフレーズを胸に刻み、心を奮い立たせてください。

きっとこの本を読み終えるころには、魔法でも夢物語でもなく、「確かにこの手でわが子とおしゃべりを楽しむ未来がつかみ取れるんだ！」という希望が湧いてくるに違いありません。

第1章

おうち療育で
自閉症児の会話力は伸びる

自閉症なのかどうかは関係ありません

どんな親もわが子を普通に育てようと思えば思うほど、子どもへの接し方が厳しくなるものです。それは、いつも誰かと比べるからです。

「あの子はもう〝ママ〟って言っている」

「この子は3歳で会話が成り立っている」

そうやって同じ歳の子と比べては、わが子の発達が遅れているのではないかと焦り、厳しく当たってしまう――。これでは親子関係が崩壊していきます。

「うちの子は自閉症でしょうか？」

わが子の発達に違和感を覚えた親は、みなそうやって心配します。しかし、私に言わせれば、自閉症であろうがなかろうが、どちらでもいいことです。

なぜなら、どんな子であっても曇りのない目で真っすぐに見て、脳のどの部分が未熟でことばが遅いのか、どうして癇癪《かんしゃく》などの困りごとが現れるのかを理解し、子どもの脳を伸ばしさえすればいいからです。

皆さんが思っている以上に、**自閉症の子の療育はシンプル**です。脳を成長させて、いままで「できなかった」ことを「できた」に変え、1度できたことを何度やっても「できる」ようにサポートする――。これが自閉症児を発達させることだと私は考えます。

ことばの発達でいうなら、その土台には生活リズム・愛着・コミュニケーション意欲があり、その上に喃語《なんご》・ことばの理解・単語・2語文・3語文と**「できる」を積み重ねていく道筋は、自閉症の診断があってもなくても、あまり変わりません。**

一人一人の目の大きさが違うように、脳も一人一人違います。同じ歳の子であっても、その子とわが子の脳が違うのは当たり前。比べることに一生懸命になっても意味がありません。

私の娘は自閉症で知的障害もあります。みんなと同じようにできないことは多いけれど、普通ではないことを弱みだとは思いません。むしろ、それを強みとして生かしていくことを自閉症療育のスタンダードにしたいと考えています。

この本を読んでいるママやパパはいま、毎日の癇癪《かんしゃく》やことばの遅れなど、困りごとで頭がいっぱいだと思います。**自閉症の子の困りごとはほぼ脳の仕業**です。それならば、**脳を育てる子育てにシフトすればいい**のです。脳が育てば、困りごとは解決します。困りごとが少なくなれば、「できる」を積み重ねていくことができます。「できる」が増えれば、親も子も自信がつくはずです。

「普通の子にしなければ幸せになれない」そんな思い込みは捨てましょう。

「普通じゃないのは弱みじゃないよ。あなたの得意は私が伸ばすよ！」そう言ってわが子の強みを伸ばすヒーローママやヒーローパパが増えることを願っています。

もう1度言います。

「うちの子は自閉症でしょうか？」

どちらでもいいことです。あなたが目の前にいるわが子の発達の専門家になり、今日から脳を育てる子育てを始めましょう。

脳が育つ声かけと脳が育たない声かけ

ママやパパとの肯定的なコミュニケーションは、子どもの脳にとって一番の栄養です。

自閉症の子には「正しい」ことよりも「楽しい」ことを脳に覚えさせてください。なぜなら、「楽しい」という感情は「ママやパパに伝えたい」という**コミュニケーション意欲の源**になるからです。

「じゃあ、遊園地に毎日連れて行かなくては」ということではありません。おうちでのコミュニケーションを肯定的な声かけに変えるだけで、みるみる脳が育ちます。さらに大好きなママやパパとのコミュニケーションで安心感が得られると、好奇心が育ち、自発的な行動が増えていきます。中長期の目標として「自発的な行動」を目指す子育てが自閉症児のおうち療育のキーポイントです。

ある2人のママがいました。

みかちゃんのママはいつも子どものできたことに注目して「できたね！」「ありがとう！」と声をかけます。みかちゃんがイタズラをしているときには「わお、ティッシュいっぱい出したね！」などと受けとめてから、一緒に片づけようと声をかけました。肯定的なコミュニケーションで育ったみかちゃんの脳は好奇心が育ち、「もっと楽しいことを探したい！」と自分から考えて動けるようになりました。その結果、自閉症の診断があっても、年長時には自分のことがほぼできるようになりました。

一方で、ゆう君のママはわが子の発達の遅れをなんとか取り戻そうと焦ってしまい、「早くして！」「イタズラはやめなさい！」と怖い顔でゆう君を否定するコミュニケーションを続けました。叱られるたびに、ゆう君はフリーズしてしまいます。年長になっても自分で考えて動くことはせず、なんでも「ママやって！」と頼るようになりました。小学校に入学しても、新しいことにはチャレンジせず、いつもと同じであることにこだわる脳に育ってしまったのです。

2人のママの対応の仕方を読んで、皆さんはどう考えるでしょうか？

人とコミュニケーションをとるときは、ことばを聞いたり、理解したり、表情を読んだり、感情が動いたりと、脳全体が活発に動きます。ママやパパが笑顔で話しかけ、子どもが楽しいと感じるコミュニケーションは、幸せホルモンが放出され、脳の血流が増え、酸素や栄養素が脳に運ばれて活性化します。

しかし自閉症の子は、不安が高まりやすく、ネガティブな記憶をためやすい脳をしています。障害が重いほどストレスを受けやすく、周囲の大人たちによる過度の叱責《しっせき》やイライラが長期間にわたると、学習やコミュニケーションに大きな影響を及ぼします。大人はそんなつもりはなくても、つい口にした「ダメでしょ！」が自閉症の子にとっては全てを否定されたと感じられることさえあります。

私たちが思っている以上に、**脳の成長は毎日の声かけで大きく左右されます。**声かけ1つで、脳が育つ栄養を与えることも、脳が育たない環境にしてしまうこともあります。そして誰よりも、**大好きなママやパパとの肯定的なコミュニケーションこそが、子どもの脳を育てる最良の栄養**になるのです。

自閉症の子は発達がゆっくりです。だからこそ、毎日良好な栄養を与え、発達の芽を親の力でグーンと伸ばしていきましょう。

ことばの脳が発達するための3つの要素

脳の発達には栄養が必要です。もちろん、これまでお話ししてきた肯定的なコミュニケーションも大事な栄養です。しかしそれ以前に、ことばの発達を促す土台づくりが大切です。

栄養豊富な土台づくりの糧となるのは、睡眠・運動・食事の3つです。それぞれどのように整えていけばいいのか、次にまとめてみました。

睡眠

脳は代謝を繰り返すことで育ちます。朝は6時ごろに起こし、太陽の光を浴びさせて日中の活動量を上げ、夜は21時台に眠れるように生活リズムを整えましょう。

「ことばの脳を育てる第一歩は睡眠である」と言っても過言ではありません。もしお子さんの睡眠の不安定さに気づいたら、自分1人で頑張らずに、場合によっては医療機関にも相談してみてください。

私の娘は年長になるまで毎日0時を過ぎるほど寝つきの悪い子でしたが、私が頑張ればいいことだと思っていました。しかし小学校に上がってから、メラトニン（メラトベル）という睡眠リズムを整える薬を処方してもらうことで、入眠困難が改善されたばかりか、日中に活動するための体力がつき、できることがどんどん増えていきました。

運動

体を動かす脳の部位と、ことばを話す脳の部位は、とても近い場所にあります。手足を動かしたり、走る、ジャンプする、よじ登るなどの動きができると、ことばの脳が刺激されて活性化します。さらに肩・首・口など、発声に関わる筋力が運動によって育ちます。ことばがゆっくりな自閉症の子は、運動不足にならないように気をつけましょう。

脳を育てる３つの要素

食事

自閉症児に限らず、和食を意識して栄養のバランスを考え、よく噛《か》んで食べることは、脳の働きを良くします。

私の娘は、病院で勧められた高タンパク・低糖質の食事が合っていたと感じています。菓子パンを控え、朝ごはんにツナ缶やゆでたまごを加えて高タンパクになるように意識したところ、日中元気に活動できることが増えました。

食事は栄養素も大切ですが、毎日同じくらいの時間に食べて「腹時計」をしっかり動かし、生活リズムを整えることも重要です。生活リズムもまた、言語力やコミュニケーション力を伸ばす大事な土台となるからです。

自閉症療育の目的は〝生きづらさ〟を減らすこと

療育とは何かを知りたい方のために、少しご説明しましょう。

療育は「治療教育」の略語です。「発達支援」と同義語で、厚生労働省は発達支援を左記のように定義しています。

「児童発達支援は、障害のある子どもに対し、身体的・精神的機能の適正な発達を促し、日常生活及び社会生活を円滑に営めるようにするために行う、それぞれの障害の特性に応じた福祉的、心理的、教育的及び医療的な援助である」（出典：児童発達支援ガイドライン／厚生労働省から抜粋）

「障害のある子ども」と聞くと驚かれる方もいると思いますが、療育（＝発達支援）は「発達が気になる子ども」も対象です。療育は「発達の遅れや障害のある子が自立を目指すための支援」と考えてください。

また「障害」と「発達の遅れ」は別の考え方なので整理しておきましょう。「障害」とは、脳を含めた身体機能の損傷やそれにともなう心身の機能低下があることで、日常生活に制限のある状態を指します。一方「発達の遅れ」は、発達段階で獲得すべき能力を獲得できなかったり、うまく発揮できない状態をいいます。

自閉症児は幼少期からこの両方で親が育てづらさを感じることが多いのですが、大人の声かけや関わりで発達を促し、**障害という日常生活の生きづらさを軽減することが療育の大きな目的**だと私は考えます。

残念ながら、現代の医学では自閉症を根本的に直す薬や治療法はありません。だからこそ、良好な療育を受けて特性を軽減し、得意を伸ばすことで生きづらさをなくしていく必要があります。

療育は質より「量」がものをいう

年間約24時間ＶＳ年間約３０００時間——。

この数字が何を指しているか、皆さんはおわかりになりますか？

これは私の娘が年長時に児童発達支援事業所で受けていた療育と、おうち療育に切り替えた後の療育にそれぞれ費やした時間の比較です。その差はなんと年間で１００倍以

上。これに気づいたとき、私は愕然《がくぜん》としました。

娘が年長のときに通っていた療育は、30分間の子どもへの介入に15分間の親への振り返りの時間が設けられていました。フルタイムで働く私は、なんとか有休を使いながら週1回の療育に連れていくことが精一杯。にもかかわらず、娘の療育は1カ月に2時間、年間わずか24時間でした。

その後、小学校入学とともに児童発達支援事業所での療育は終了。7歳のときに自宅で脳を育てるコミュニケーションメソッド『発達科学コミュニケーション』に出会い、おうち療育をスタートさせます。**おうち療育と言っても、教材や道具は一切使いません。**特定の時間を設けてみっちり療育をするよりも、**日常生活の中で脳が育つ声かけを散りばめることが大事**だと、このとき私は学びました。親子で共に過ごす時間に親の声かけを変えるだけで、子どもの脳がぐんと伸びるのです。

ざっくり計算してみると、娘が学校に通っている日は朝1時間と夕方~夜の5時間で計6時間、休日は起きている時間の約14時間が、おうち療育の時間になります。つまり、『発達科学コミュニケーション』を実践するだけのおうち療育の時間は週約58時間で、月約232時間を超え、年間約3000時間に達していたのです。

子どもへの療育は、質より「量」がものをいいます。なぜなら、子どもの脳はまだ完成されていない未熟な脳だからです。「量」の問題を解決するには、ここでママやパパがひと肌脱ぐことが最も効率的です。

英会話と同じです。週1回30分だけ有名な先生の英会話レッスンを受けるよりも、日常的に家族が英語で話す環境のほうが、明らかに上達が早いはずです。

娘が小学2年生になるまで、私は児童発達支援事業所に勤める臨床心理士でした。療育施設の心理職という立場からみても、おうちでの療育は大事だと考えます。なぜなら、療育に来たお子さんが私の前ではできても、おうちだと思うようにできないことが往々にしてあったからです。

たまに会う私の前では椅子に座ったり、絵本を読んだりできていても、おうちでは言うことを聞かず、癇癪《かんしゃく》を起こします。結局、ママが悩み果てイライラして怒ったあげく、子どもがまた癇癪《かんしゃく》を起こすという悪循環を繰り返すのです。

子どもにとって一番身近にいる大好きなママやパパとの肯定的なコミュニケーションが最良の療育です。年齢は何歳からでも可能ですし、施設での療育と併用するのも効果的です。

おうち療育でことばを伸ばすのはもちろんですが、脳を育てるコミュニケーションが目指すのは、自信や意欲、人と関わりたいという欲求を高めることです。叱りつけるばかりの否定的な声かけをやめ、できたところに注目する肯定的な声かけに変えると、嫌がって療育施設の部屋に入れなかったお子さんが、先生の前でも新しいことに挑戦したり、「できた！」の気持ちを共有できるようになったりと、大変身します。

施設療育の効果を高めるためにも、一緒におうち療育を活用してほしいと思います。

「3歳まで様子を見ましょう」に現れる日本の実情

アメリカではことばがゆっくりな自閉症児に対し、1歳から週20時間の早期介入を始める療育プログラム『ＥＳＤＭ（Early Start Denver Model＝アーリースタートデンバーモデル）』が展開されています。近年日本でも『ＥＳＤＭ』が紹介され、自閉症児に対して1〜3歳のうちに始める早期の専門的な介入が大事であることが知られるようになってきました。

しかし実際にママたちの声を聞くと、1歳半健診でことばが出ていなかったけれど、「しばらく様子を見ましょう」とか「3歳を過ぎないと診断をつけられないので、誕生日がきたらまた受診してください」などと言われてしまうケースが日本ではまだ多いのが現状です。

また、公費で児童発達支援事業所に通い療育を受けることが主流ですので、療育施設に通うための通所受給者証取得に時間がかかり、療育施設の見学や空きを待つのに半年や1年かかってしまうことも珍しくありません。

地方格差もあります。3歳になった私の娘がことばが出ないと悩んでいた当時、市内にある療育施設は市立の児童発達支援センターだけで、「週5で毎日9時から14時に通える子しか受け入れません」と言われてしまいました。

市役所から市外の民間療育を紹介されましたが、とても働きながら通わせられる距離ではないうえに、土曜日は満員で、施設での療育を諦めた経験があります。

「3歳まで様子を見ましょう」と言われてしまうこと、そして3歳を過ぎても思うように療育に通えないことなど、自閉症児の療育に関する日本の課題は山積しています。

「療育に通っていればいい」というわけではありません

私はこれまでに、子どもの発語に悩む親御さんの相談を400件以上受けてきました。その大半が「療育施設に通っていても思うように伸びない」というものでした。大きな理由として、次の3つが考えられます。

伸びない理由①　療育の量が圧倒的に足りない

先ほども触れたように、子どもの未熟な脳を育てる療育は、質より「量」がものをいいます。脳への刺激が少なければ、脳が発達する機会も減るということです。週に1回30分〜1時間の療育だけに頼ってしまうと、どんなに通わせても、圧倒的に「量」が足りず、成果が現れにくいのは当然です。

施設での療育だけでは伸びない理由

NG 療育の量が圧倒的に足りない

NG 親が焦るあまり叱ってしまう

NG 療育に任せきりで安心してしまう

伸びない理由② 親が焦るあまり叱ってしまう

「先生の前では席に座って課題に取り組めるのに、家では食事のときでさえ座ってくれません」と悩んでいる親御さんは多いです。「園ではできています。家だと甘やかしているのでは？」と言われ、傷ついている方を私もたくさん見てきました。

家では言うことを聞いてくれないわが子に焦り、イライラして怒ってしまうと、さらに子どもが言うことを聞かなくなる……という負のループに陥ってしまいます。こうなると、子どもの脳はなかなか伸びません。

伸びない理由③ 療育に任せきりで安心してしまう

「頑張って療育施設に通わせているのだから成長するだろう」と先生任せでは、うまくいきません。本来ことばの訓練は、家庭での練習が不可欠です。

ピアノだって、家で練習せずに週1回教室に通っただけでは、なかなか上達しませんよね。療育に通っているから安心とばかりに、家ではスマホを見せっぱなし、叱りっぱなしでは、療育の効果は半減してしまいます。

おうち療育が普及しない理由

「おうち療育は難しくて続かない！」という先入観が、おうち療育の普及に大きな壁となっています。そもそも、家でわが子に何をすればいいのかわからず、悩んでいるママやパパが多いのが現状です。特に自閉症児は、知的障害があってことばが出ていない子から、ペラペラしゃべるのに社会性に問題のある天才タイプの子まで、特性が豊かで多岐にわたります。

わが子の課題もよくわからないまま、困りごとにだけフォーカスして、家で本を見ながらやろうとしても、なかなかうまくいきません。実際に私は「癇癪《かんしゃく》を起こす子には、足を使ってボールを運ぶ遊びがいい！」と本で読み、当時ジャンプもできない娘にやらせようとしたことがありますが、もちろんできませんでした。

冷静に考えれば、発達段階に合っていないので当然なのですが、臨床心理士である私でさえ目の前の癇癪《かんしゃく》をなんとかしようと意気込んでは、空回りの連続でした。

また、続かない原因の1つに、療育をおこなう時間がないことが挙げられます。自閉症の子を育てるママやパパは、とにかく忙しいです。１人で黙々と手を動かせば15分で終わるような家事でさえ、手のかかる自閉症の子の世話をしながらだと何倍もかかります。

私は義理の両親と同居していましたが、フルタイムで働いていたので時間の余裕がありませんでした。家でできる療育グッズを買うだけで満足し、三日坊主どころか封を開けずじまいのドリルやおもちゃが山ほどありました。もちろん、療育グッズにいくらお金をつぎ込もうと、続けなければ成果は現れません。

脳科学を味方につけてもう子育てに迷わない

子育てが迷わずにできたなら、どんなにいいだろう……。

どこかにわが子を上手に育てられる取扱説明書があれば、その通りに頑張るのに……。

自閉症の子を抱える親は、わが子の困りごとに日々直面するたびに悩み、そう思っていることでしょう。

しかし、発達の悩みのほとんどが脳にあるのですから、脳に働きかければいいのです。わが子と向き合う親が脳の育つ仕組みを知り、脳を育てる関わり方を選択し続けることができれば、一生子育てに迷わずに済むでしょう。

わが子の取扱説明書は、誰かが用意してくれるものではありません。子どもにとって一番近くにいてくれるママやパパが、わが子と一緒に成長しながら作っていくものなのです。

脳科学を味方につければ、それは叶《かな》うと私は信じています。

『発達科学コミュニケーション』は、脳科学を学んだ親が、正しい方法で子どもの脳を発達させるコミュニケーションメソッドです。自閉症児の親御さんがこれまで苦労しながらもなかなか成果を上げられなかったことが、脳科学の力を借りれば楽にクリアできることをもっと多くの人に知ってほしいと願っています。

第2章

自閉症ってそもそもなあに？

自閉症を正しく理解しましょう

私たちがふだん「自閉症」と呼んでいるのは、「自閉スペクトラム症（＝ＡＳＤ：Autism Spectrum Disorder）」のことです。「自閉スペクトラム症」は、「自閉症スペクトラム障害」と呼ばれることもあります。「自閉スペクトラム症」の名称については次の項目で詳しく触れますが、本書では単に「自閉症」と呼ぶことにします。

自閉症は、人と安心して関わりを持つことが難しいなど、社会的コミュニケーションにつまずきがみられる発達障害の１つです。現在、自閉症は１００人に１人の割合でいると言われています。日本では1学年に約1万人いる計算です。また、自閉症児全体の８割が重度～軽度の知的障害をともなうとされています。

ひと昔前まで、自閉症が発症する原因は母親の育て方にあると言われていました。母親が子どもに対して冷たい対応をとり続けた結果、子どもが自分の殻にこもり自閉症になってしまうという「冷蔵庫マザー説」です。

しかし、それは大きな誤解でした。これは兄弟が同じような養育環境で育っても自閉症を発症しないことから、科学的に否定されました。原因は育て方ではなく、生まれつきの脳の働き方にあったのです。現代では、複数の遺伝子の変異が重なり合うことで、自閉症の特性を引き起こすと考えられています。

自閉症を診断する目的は、レッテルを貼るためではなく、**適切な支援**をしやすくするため、もしくは**支援のヒント**にするためです。

わが子が自閉症の診断を受けた親は、心がジェットコースターのように急降下することでしょう。私自身、自閉症の子を持つ親として十分理解しています。しかし、いつまでも落ち込んではいられません。1度落ちるところまで落ちたら、あとは前を向くだけ。顔を上げて**「いかにわが子の特性を理解し、どう伸ばしていくか？」**に全力を注いでほしいと思います。

第一歩として、第2章では自閉症の特性について理解を深めることから始めましょう。

自閉スペクトラム症の「スペクトラム」って何？

自閉スペクトラム症の「スペクトラム」はもともと物理学の用語で、光のプリズムで現れる虹などの「連続体」という意味です。日本では虹を7色で描きますが、自然界にある虹は境界線が曖昧で微妙に変化する多様な色の連続でできています。

同じように、自閉スペクトラム症は、コミュニケーション、社会性、感覚に共通した発達特性を持ちながら、その濃淡はさまざまでバリエーションも人それぞれ違うけれど、虹のように連続した1つの集合体として表現できることから、「スペクトラム」と呼ばれるようになりました。

そう考えると、誰しも「自分なりのこだわりがある」「知らない場所で不安になる」など、多かれ少なかれその片鱗《へんりん》は持ち合わせており、程度の差こそあれ、このスペクトラム線上に位置していると言えるかもしれません。

ちなみに「自閉スペクトラム症」ということばが使われるようになったのは2013年からです。それ以前は、ことばの遅れや知的障害がある場合を「自閉症」、ことばの発達や知能に遅れはないけれど、コミュニケーションが苦手な「アスペルガー症候群」、対人関係に困難さがある場合に「広汎性《こうはんせい》発達障害」などと診断名が分けられ、複雑かつ曖昧になっていました。

そこで、これらを別々の障害として考えるのではなく、連続する集合体として「自閉スペクトラム症」と呼ぶようになったのです。この「スペクトラム」という概念により、

自閉症児の3大特性

ことばや
コミュニケーション
が苦手

社会性の発達が
ゆっくり

強いこだわりや
感覚の偏り

自閉症の療育はよりいっそう一人一人の特性を理解することに注意を払い、個々に合った適切な支援をすることが重視されるようになりました。

自閉症の3大特性と多彩な個性

自閉症の主な特性として、①ことばやコミュニケーションが苦手、②社会性の発達がゆっくり、③強いこだわりや感覚の偏り、という3つが挙げられます。そしてこの3大特性の濃淡は、個人差が大きい部分です。

それぞれ詳しく見ていきましょう。

特性①　ことばやコミュニケーションが苦手

自閉症の子には、ことばの遅れ、反響言語（おうむ返し）、会話が成り立たない、格式張った字義通りの言語など、ことばやコミュニケーションの障害が多く認められます。

　また人との関わりが苦手で、人がいる場面で適切な対応ができず、コミュニケーションにつまずきを抱えがちです。

○具体例

・ことばが遅い
・単語が増えない
・おうむ返しをする
・あいさつをしない
・一方的に話す
・空気が読めない
・冗談が通じない
・コミュニケーションが独特
・棒読みにしゃべる
・セリフのような独特の話し方をする
・大人びたことば遣いをする　など

特性② 社会性の発達がゆっくり

乳幼児期から目が合わない、抱っこを嫌がるなど、ママが違和感を覚える部分でもあります。これらの特性から、冷たい性格であると誤解されてしまったり、ママがわが子をかわいいと思えず悩んだり、育てづらさを感じたりする原因となります。

○具体例

- あやしても笑わない
- 目が合わない
- 抱っこを嫌がる
- 人見知りをしない
- １人遊びを好む
- 他人に興味を示さない
- 指さしをしない
- 友だちができない
- 感情に共感できない
- 集団活動に参加しようとしない

●人への関わり方が一方的になりやすい
●相手の気持ちを理解できない
●場の空気を読むのが苦手
●場にそぐわない行動をしてしまう
●静かにしないといけないときに騒いでしまう
●シリアスな場面で笑ってしまう
●相手の表情を読むのが苦手　　など

特性③　強いこだわりや感覚の偏り

敏感すぎたり、あるいは逆に鈍感さがあり、運動においても体の感覚が通常より偏ることから、不器用な動きが見られます。これは脳の指令がうまく伝達されないために起こり、本人もジレンマや劣等感を抱いてしまうことがあります。

また「いつもと同じこと」や「興味を持ったもの」に強いこだわりを示し、同じ行動を繰り返します。自閉症の子は不安を人一倍強く感じやすい脳をしていることから、自分を安心させるために同じ行動を繰り返すと言われています。

○具体例

- 特定の感触を嫌がる
- シャワーを痛がる
- 毛布の感覚などにこだわり、触り続ける
- 大きな音や掃除機など、特定の音を嫌がる
- キラキラ、チカチカしたものをずっと見ている
- 偏食
- 転んでも痛がらない
- 寒さに鈍感で、上着を着たがらない
- 痛みに鈍感で、自分で壁に頭を打ちつけたり、かさぶたをかきむしってしまう
- ダンスや模倣が苦手
- 運動が苦手
- 走り方がぎこちない
- 姿勢が崩れやすい
- 予定の変更に泣いて怒る
- 気持ちの切り替えが苦手

●ものと場所を一致させることに執着する
●同じ服を毎日着たがる
●跳んだり回ったり同じ行動を繰り返す
●手をひらひらさせる
●扉の開け閉めや扇風機など、同じ動きをするものをずっと見ている
●興味のないものは耳に入らない
●興味が狭くごっこ遊びなど自由な遊びが苦手
●勝ち負けにこだわる
●ルールに固執し、人や自分がそれを破ることが許せない
●いつもと同じ道を行きたがる　など

知的障害の診断基準

自閉症は知的障害をともなうことが少なくありません。

一般的にいう知的障害とは、『精神疾患の診断・統計マニュアル 第5版・Text Revision（DSM－5－TR）』で「知的能力障害（知的発達症）」と表記されています。思考力、

問題解決能力、計画力、判断力、学力などが一般の水準よりも遅れているため、日常生活に支障をきたし、支援が必要な状態をいいます。

知的障害の程度は知能指数（ＩＱ）と日常生活能力の到達水準によって「軽度」「中等度」「重度」「最重度」の４つに分けられるのが一般的ですが、療育手帳による知的障害の判定は、地方自治体によって診断基準が若干異なります。

それぞれの目安は次の通りです。

○軽度

- ことばの遅れは目立たず、身の回りのことは年齢相応にできる
- 幼稚園などの普通クラスで過ごせる子どもが多い
- 書字や読字、計算などの習得にやや時間がかかる

○中等度

- ことばの遅れを親や周りが感じる
- 幼児期で身支度・食事などの生活動作をおおよそ身につけられる
- 小学校で書字や読字、計算などの学力の遅れはあるが、ゆっくりと覚えていける

○重度

●幼児期に喃語《なんご》のみでことばを話せない子どもが多い

●手振りでしか要求ができない

●小学校に上がっても身支度・食事など支援が必要な場合が多い

○最重度

●ことばでのコミュニケーションが難しい

●表情や発声などで感情を表すことが多い

●生活動作や安全面においても支援を必要とする

自閉症の支援は「何を」より「誰が」やるかが大事

自閉症の支援は、個々の特性に合わせることが原則です。3大特性の濃淡が一人一人違ううえに、知的障害の程度も個人差が大きいからです。

ただ、基本となるのは、苦手を克服させる方法より、できていることを増やしていく支援が求められます。自閉症の子どもたちはネガティブな記憶をためやすいので、苦手なことに取り組ませようとすると「嫌だ」「できない」とどんどん自信をなくしてしまいます。

子どもの良い行動を増やすつもりで、**できることに注目する支援を根気よく続けていきましょう。**すると子どもの情緒が安定し、「自分にもできる！」という自信が生まれ、やがて社会的な能力の獲得にも発展していきます。

一方で、ＡＢＡプログラム、ＴＥＡＣＣＨプログラム、感覚統合療法など、自閉症を支援するプログラムがたくさんあって、どれを選んだらいいかわからず悩む方も多くいらっしゃいます。

これは私の考えですが、最も大事なのは療育プログラムの内容よりも「誰が」やるかだと思っています。臨床心理士として11年、現場で働いた私の経験から言うと、**子どもの特性を理解している人**や**できたことに注目してくれる人**の支援を受けることで、子どもは人と自分を信じられるようになり、コミュニケーション力が上がっていきます。つまり、**自閉症児にとってママやパパを超えるベストティーチャーはいない**のです。

「何が」にこだわるよりも「誰が」やるのかを考えると、親の迷いも減るのではないでしょうか。

医療行為が受けられなくても心配いりません

残念ながら、自閉症の脳機能を改善する薬はありませんし、脳の手術をすることもできません。ことばが遅くても、病院でリハビリを受けられる機会は多くありません。

私の娘は発達外来に通っていましたが、年長のときに医師からは「もう診断もしたし、お薬もありません。あとは教育で頑張って」と言われました。発達障害に対して医師がおこなうのは「診断」と「薬物療法」がメインです。診断がつき、特に薬の治療が必要ない娘の場合、仕方がないと思うしかありませんでした。

しかし、医療行為が受けられなくても心配はいりません。大事なのは医療行為ではなく、自閉症児のできることを増やし、自信をつけていくことだからです。

私が療育施設の臨床心理士として働いていたとき、あるお子さんのママが「病院のリハビリを卒業させられてしまった」とひどく落ち込んでいたことがありました。

片道2時間かけて月2回、40分のリハビリを受けていたそうですが、その後このママが意外なことをおっしゃっていました。それまでリハビリにあてていた日に公園で遊ぶようにしたら、驚いたことに走るのが早くなったばかりか、嫌がっていたブランコもできるようになり、ことばまで増えたと言って笑っていたのです。

心の余裕ができたからか、ママがお化粧するようになっていました。

医療行為も大事ですが、それと同じくらい重要なのは、**子どもの自信を育てるコミュニケーション**であり、これはおうちで伸ばしていくことができるのです。もし医療行為が受けられずに落ち込んでいる方がいたら、そんなふうに考え方を切り替えてみてくださいね。

誤った周囲の対応が引き起こす自閉症の二次障害

自閉症の子に、しつけや否定の声かけは要注意です。

自閉症の特性があるがゆえに、迷惑がられたり怒られたりして、二次的に別の障害や他の問題を引き起こすことを**「二次障害」**と呼びます。

二次障害は、自閉症の特性に対して理解のない周囲の誤った対応によって起こります。集中できずに席を離れたり、動作がゆっくりであることを「怠けるな！」「遅い！」「気合が足りない！」と叱咤《しった》激励され続けてしまうと、自閉症の子は「自分はできないんだ」と傷つきます。言われた意味が理解できない子であっても、その雰囲気でモヤモヤした気持ちが心に残るかもしれません。

空気が読めなかったり、ことばが独特であることで、からかいやいじめの対象になってしまうこともあります。自閉症の娘が「なんでしゃべれないの？　こんなに小さい1年生、見たことない」と言われては走り去っていく場面に、私もたびたび遭遇しました。相手の子に悪気はないのですが、自閉症の特性は周囲から注目されやすいのです。

自己肯定感が下がるだけでなく、挫折感を繰り返し味わうことで、うつを患ったり、登校しぶりをしたり、心身に不調が現れたり、暴力的になったりと、症状の出方はそれぞれです。

うつも暴力的な行動も、ある日突然起こるのではありません。親や周囲からの否定的な声かけが続くことで、「何か言われたら怒る」という脳のルートがしだいに太くなり、癇癪《かんしゃく》を起こしやすい子になってしまうのです。二次障害は「よくない方向に脳が発達してしまった結果」だと言えるでしょう。

自閉症の二次障害には、左ページの図のように、さまざまな症状が挙げられます。

ある自閉症の子のお母さんが、「二次障害を起こさないようにすることだけは気をつ

自閉症児が起こしやすい二次障害

心の問題	不安、焦り、うつ、イライラ、緊張状態、行き渋り、不登校など
体の問題	腹痛、頭痛、不眠、チック、夜尿、食欲不振、過食など
行動の問題	暴言・暴力、反抗的な態度、非行、引きこもりなど

けている」とおっしゃっていました。大げさな話ではありません。いかに二次障害を起こさないかという課題は、自閉症児の子育ての大きなポイントです。

自閉症の二次障害は予防できます

自閉症の二次障害を起こさないためには、予防が一番です。そのためには、**自閉症の早期発見と正しい理解が不可欠**です。

子どもが自閉症だとまだ気づいていない親は、「気合が足りない」「怠けている」と思ってしまい、「なぜ言うこと聞かないですぐ怒るの？」「どうして運動会にうちの子だけ出られないの？」と不安になって焦り出します。すると、「がんばれ！」「できるよ！」という励ま

二次障害予防の2ステップ

できた!
ツー
ワン
ピョン
ヨイショ
肯定的な声かけをする
自己効力感を育てる
良い方向に脳が発達する

しが、次第に「しっかりやりなさい！」「なんであなたはできないの？」と叱咤《しった》激励《げきれい》に変わっていきます。すると子どもは「頑張ってもできない」「自分はダメな子なんだ」と傷つき、落ち込んで動かなくなったり、「ギャー！」と奇声を上げるようになります。悪い状況がエスカレートすると、対応はますます難しくなっていきます。誤った対応を長引かせないために、二次障害は予防することがとにかく大事です。

二次障害の予防には2つのステップがあります。

ステップ①　肯定的な声かけをする

周囲の大人ができたところに注目する肯定的な声かけを続けることで、子ども自身が自分のできたことに注目する習慣が身につくようになります。

ステップ② 自己効力感を育てる

子どもが自分のできたことに注目する習慣が身につくと、「自分はきっと大丈夫！」という未来の自信＝自己効力感が育ちます。

自己効力感が育っていれば、たとえ友だちに「バカ！」と言われても、「自分はバカでダメな存在なんだ……」とはなりません。「へえ、君はそう思うんだね！ ぼくは自分のことをバカとは思わないよ」というふうに、人は人、自分は自分という考え方ができるので、過度に落ち込んだり、自暴自棄になることはないのです。

いまはどんなに格好良くても、頭が良くてスポーツができても、いじめの対象になる時代です。いじめやからかいに負けない心の強さは、親の毎日の声かけで育てることができます。

自閉症児の会話力が伸びない根本的な理由

ことばの遅い子どもに対して、よく「ことばのシャワーを浴びせるのが良い」と言われます。しかし、自閉症児の悩みを解決する対症療法だけでは、いつまでたっても会話力は伸びません。

ことばが遅いから、ことばのシャワーを浴びせましょう、絵カードを使いましょう、といった対症療法も決して間違っているというわけではありません。かつては私も療育施設の職員として実際におこなっていました。

しかし、気づいたのです。悩みが出るたびに対処する方法では根本的な問題解決に至らず、親や先生がいつまでも悩みに対応し続けないといけないことに……。

自閉症育児を少しでも楽にしたかった私は、終わりのない対処を続けることだけは絶対に嫌でした。そこで、ノウハウに飛びついて対処策を探し求めることをやめたのです。


私はかつてダイエットをしようと雑誌で特集された白湯《さゆ》ダイエット、夜バナナダイエット、骨盤まわしなどを片っ端から試しましたが、ちっとも痩せませんでした。職場で愚痴をこぼしていると、同僚だった医師が「単純に摂取カロリーよりも消費カロリーを増やせばいいんだよ」とアドバイスしてくれたのです。痩せる仕組みを理解し「なるほど、そういうことか」と納得した私は、これを機にようやくダイエット迷子から抜け出すことができました。

このように、仕組みを理解することで、難しくてできないと思い込んでいたことが、シンプルに整理されると簡単にできるようになります。

「ことばがなぜ遅いのか？」についても同じことです。仕組みを理解せずに「ことばのシャワー」や「絵カード」のノウハウに飛びついてもうまくいきません。なぜことばが遅いのかを理解しない限り、本当の意味で言語発達を促すことは難しいのです。

ことばの遅れも癇癪《かんしゃく》も、脳に原因があります。悩みの枝葉ではなく、幹である「脳」を育てさえすればいいのですから、やるべきことは意外とシンプルです。

情報もノウハウもあふれているのに、自閉症児のことばの遅れに悩む親御さんが減らないのは、**ことばの発達の仕組みや脳を伸ばす方法**を知らないからです。ノウハウに飛びつく前に、まず「脳を育てる」ことにフォーカスしていきましょう！

会話力が伸びない負のループを終わらせましょう

自閉症の子育て、毎日本当にお疲れさまです。子育てはみな大変なものですが、自閉症児の子育ては人一倍ストレスがかかるものだということを、皆さん、覚悟しておいてください。とはいえ、親子が互いにイライラし合う負のループの渦中にあっては、子どもの会話力は伸ばせません。

「やってほしいなら口で言いなさいよ！」そう言って私は、当時まだことばが出ていない娘に、何度当たったことでしょう。話せない娘が何かしてほしいのはわかるのだけれど、どうしてほしいのか理解できないということが年々増え、私はいつもイライラしていました。娘は人やものに対するこだわりが激しく、私が使うコップなどにも口うるさく何かを訴えていました。自分の要求がかなわなかったことでさらに怒ったり、私にやり直しをさせたりするので、ついに我慢の限界に達して爆発！　娘に向かって「うるさい！　口で言いなさいよ！」と暴言を吐いたことがあります。

私は娘が自閉症の診断を受けた3歳から小学校1年生まで、毎日このイライラの負のループに陥っていました。しかし、親子が互いに「ガオーッ！」と牙をむいた状況では、娘は一向に話せるようにはなりませんでした。娘の癇癪《かんしゃく》も私のイライラも、本能的な脳が暴れている状態だったからです。

イライラのループの中では、理性的な脳が働きづらくなります。動物がしゃべらないように会話の脳は理性的な脳にありますから、**本能的な脳が大暴れの状態が長く続くほど、会話の脳は育ちにくくなる**のです。

この負のループを断ち切る方法が1つあります。

「子どもを変えなくては！」という親の思い込みをいますぐ捨てることです。

子どもより先に変わらなければならないのは、私たち大人です。子どもがしゃべるのを待つのではなく、子どもが癇癪《かんしゃく》を起こさなくなるのを待つのでもなく、**親が子どもの感情に巻き込まれないようにする**――たったこれだけです。

私は娘の感情に巻き込まれないようにすることが、ある日突然できるようになりました。『発達科学コミュニケーション』の創始者であり、娘の発達に伴走してくれた吉野加容子さんから、「その負のループ、効果がないですよ」とはっきり言われたからです。そのひと言で、私の中にあった「子どもを変えなくては！」という思い込みをきっぱりと捨てることができました。

すると娘との関係が良好になり、次第に娘のことばが出るようになっていったのです。

心を鬼にして、もう1度言います。

親が子どもの感情に巻き込まれてイライラしていたら、子どもの会話力は伸ばせません。子どもを変えようとするのではなく、親が変わるのが先です。

自閉症児に「ことばのシャワー」は逆効果

逆効果になってしまうコミュニケーションは他にもあります。ことばのシャワーです。良かれと思って「ああだよね」「こうだよね」と子どもの気持ちを代弁したり、「着替えよう」「食べよう」と次々と指示を出したり、「できたね！」「上手上手！」と褒め続けたりと、ことばが遅い子の親御さんはお口が大忙しになりがちです。

実はこれ、ことばが遅い自閉症の子にはNGです。

なぜかというと、**子どもの脳はじわじわと処理が進む**ので、矢継ぎ早にママが声をかけても無駄なのです。最初に聞いた声かけを処理している途中ですから、次々と聞こえる声かけは子どもの脳に入っていきません。それどころか、最初の声かけの処理でさえ、途中で混乱してしまいます。脳が処理できていないので、子どもは言われたことを行動に移せずにいます。動き出さない子を見て、親はさらに声かけを増やします。これでは親子のコミュニケーションが成立しません。

いくらシャワーを浴びせても、水がバケツにたまらず、どんどん抜けていってしまったらもったいないですよね。そうならないために、子どもの脳がゆっくりと処理をしているのを確認しながら、ゆったりと穏やかに声かけをしましょう。

勉強熱心な親ほどブレやすい

自分で言いますが、私は勉強熱心なママでした。

育児書、発達の本、アンガーマネジメントの本、自己肯定感の本、天才の育て方……と、ざっと数えても100冊は娘が生まれる前から読みあさり、ノートにまとめていました。

特に娘の発達の遅れに気づいてからは片っ端から発達の本を手にしましたが、「ことばが出ない子にはことばのシャワー」と書かれている本もあれば、「親はしゃべるのをやめましょう」という本もありました。「どっちやねん!?」と矛盾する記述に腹を立てながらも、冷静に考えられる余裕などなかったので、とりあえず書いてあることを試してみましたが、どれも続きませんでした。

思い返すと、情報は熱心にインプットするのに、娘の反応がなかったり、効果がよくわからなかったりで、結局やめてしまったのだと思います。加えて、どの方法も半信半疑だったといえます。どこか疑っているのに、知ったからにはやらずにはいられない、けれど続かない、この繰り返し。いろいろな本に書かれていることを実践しては、優しくしたり厳しくしたりとブレブレの子育てでした。どこを探しても「今川ゆずちゃんの本」はありませんでした。

勉強熱心なママやパパほど、どれがわが子に合う方法なのかわからなくなり、苦戦しているはずです。ネット検索も本を読みあさるのも、試しに1度やめてみませんか？情報収集に奔走するのではなく、**「脳を育てる」という子育ての軸**をしっかり持って、ブレない子育てをスタートしてほしいと思います。

多くの研究によって、自閉症の発達特性は、脳のさまざまな部位が関連して現れることがわかっています。だからと言って、自閉症に関わる脳の部位を把握して、個別に機能訓練をしよう、と考えなくても大丈夫です。

脳は一つ一つの部位が完全に独立して個別に働くということがほとんどありません。多くの部位が互いに連携し合うことで、思考し、行動を起こすからです。

つまり、ことばや社会性や感覚に発達特性がある自閉症児の脳には、日常の声かけと成功体験の積み重ねによって、これまでとは違う新しい脳の使い方を学ばせればいいわけです。こうして新しい行動を習得していくと、脳が新しいネットワークをつくり、良い行動が増えて困りごとは減っていきます。

療育などで特定の機能を訓練することも大事ですが、それ以上に、日々の生活動作を活用しながら**成功体験をたくさん積ませることで自閉症児の脳は育ちます。**だからこそ、おうち療育は効果を発揮するのです！

おうち療育を始める前にママやパパの脳を元気にしましょう

いよいよ次の第3章では、脳を育てる『発達科学コミュニケーション』のおうち療育について具体的にお話ししていきますので、意気込んでいらっしゃるママやパパも多いと思います。

けれど、ちょっと待ってください。その前に1つお尋ねします。

ママやパパの脳は元気でしょうか？

私が心配するのは、自閉症の子を持つママやパパは寝不足であることが非常に多いということです。子どもの睡眠障害に付き合って慢性的な睡眠不足だったり、子どもに手がかかるので家事がちっとも進まずに睡眠時間を削っていたり、中には育児に疲れきってうつ症状が現れ、夜中に起きてしまう親御さんもたくさんいます。

気合で頑張れるのはせいぜい数日。気合を入れて頑張ればうまくいくという考え方も、間違っています。

とはいえ、昭和生まれで団塊の世代の親に育てられた私もかつては努力や根性が素晴らしいと信じていましたから、気持ちはとてもよくわかります。ただ私は気合で頑張れば娘がしゃべれるようになると考えて失敗し、気がめいってしまいました。

どうかママやパパは、まず寝てください!

お子さんのことばを増やすために、これから『発達科学コミュニケーション』の声かけを最低でも3カ月は実践していただきたいのですが、その間もママやパパは自分の睡眠時間を十分に確保し、自分の脳が元気でいられるよう心がけてくださいね。

モチベーションは上げないほうがうまくいく

おうち療育をうまく進める秘訣《ひけつ》の1つは、モチベーションを上げないことです。

「えっ、たったいまモチベーションアゲアゲでこの本を読みはじめたんですけれど？」と思った方がいるかもしれません。そういう方は特にご注意ください。モチベーションは上がると必ず下がるときがきます。

実はこの上がり下がりに、心は疲弊《ひへい》してしまいます。そうならないためには**「フラットモチベーション」**でいきましょう。モチベーションを上げもせず、下げもせず、ある程度の高さに保って安定させている状態が理想的です。

私も『発達科学コミュニケーション』を学ぶ生徒だったとき、講座を受けると「やるぞー！」とモチベーションが上がったかと思えば、翌日には娘が癇癪《かんしゃく》を起こしてだだ下がりというように、一喜一憂していました。そんなときは「フラットモチベーション」と心で唱え、自分がなぜおうち療育をしているのかという目標に立ち戻り、気持ちを整えるように心がけていました。

私の生徒さんに、毎日「家族と笑顔で過ごす！」と宣言してから育児や家事をしている方がいらっしゃいます。ゴールを掲げていると何があっても「子どもと自分が笑顔でいるには？」と原点に立ち戻ることができ、いま自分が優先することが見えるようになるのだとおっしゃっていました。

おうち療育で「フラットモチベーション」を保つことは、ことばを伸ばす秘訣《ひけつ》です。私の生徒さんのように、おうち療育をする前に自分の目標をひと言で言えるようにしておくとよいでしょう。その目標は、子どもや夫をどうするといったゴールではなく、あくまでも「おうち療育で目指したい自分の姿」にしてください。なぜなら、人を変えるよりも自分を変えるほうが簡単だからです。

第3章

自閉症児の脳を育てる『発達科学コミュニケーション』

最強のおうち療育『発達科学コミュニケーション』

『自閉症専用3カ月おしゃべり上達メソッド』と称して、私がふだん教えているのは、もともと脳科学者である吉野加容子さんが開発した『発達科学コミュニケーション』を基本に置いたものです。『発達科学コミュニケーション』は、親子のコミュニケーションをスムーズにして子どもの発達を加速させる声かけメソッドで、これまで発達グレーゾーンのお子さんを持つ親御さんが多く学ばれてきました。

ところが、私の娘のように自閉症と診断され、知的障害もあって障害者手帳を持つ子どもたちにも効果を発揮し、会話力を伸ばすことがわかってきました。それは、このメソッドが脳を育てる科学的な手法だからです。

目を見張るような子どもたちの成長に感動した私は、ことばの発達が遅い自閉症児の療育に、もっと『発達科学コミュニケーション』を役立ててほしいと考え、自閉症児に特化した『発達科学コミュニケーション』を教えるようになったのです。

『発達科学コミュニケーション』は、発達グレーゾーンのお子さんを持つご両親を中心に、これまで4500人以上が学んでいます。その中にはお子さんが自閉症でことばが遅いと悩むママやパパが年間120人以上いらっしゃいます。

『発達科学コミュニケーション』では、療育グッズを一切使いません。**ママやパパの毎日の声かけを肯定的なコミュニケーションに変えるだけ**です。たったそれだけで、自閉症の子の癇癪《かんしゃく》を減らし、脳を育て、ことばを引き出すことができるのです。

私は『発達科学コミュニケーション』こそ、最強のおうち療育だと自負しています。


そのテクニックをお伝えする前に、なぜママやパパが肯定的なコミュニケーションをマスターするだけで、自閉症の子のことばの力が伸びるのかについてお話しします。

何度もお話ししていますが、自閉症児のことばを発達させるカギを握るのは「脳」です。脳が育てば、ことばは伸びます。では、脳を育てるにはどうすればいいでしょうか。大事なことが2つあります。

1つは、**癇癪《かんしゃく》を減らす**ということ。

もう1つは、**大人の指示や提案にスムーズに動けるようになる**ということです。

癇癪《かんしゃく》を減らそう！

癇癪《かんしゃく》を起こしやすい脳は、ことばを伸ばしにくくさせます。なぜなら、癇癪《かんしゃく》を起こす脳とことばをつかさどる脳は違うからです。

脳は大きく2つに分けることができ、内側に本能的な脳があり、外側に理性的な脳があります。子どもが癇癪《かんしゃく》を起こしているときは、内側の本能的な脳が暴れている状態だと考えてください。本能のままに「ぎゃー!」と叫ぶ子どもに、優しく語りかけようが厳しく叱ろうが響かないことは想像できますよね。

一方、ことばをつかさどる脳は、外側の理性的な脳にあります。人はことばを使って考え、ことばを使って理解し、ことばを使って会話します。ところが、**癇癪《かんしゃく》を起こすと本能的な脳が暴れて興奮し、理性的な脳が働きづらくなってしまう**のです。癇癪《かんしゃく》を起こしやすい子は、本能的な脳が暴れやすくなっている状態です。ことばを伸ばしたければ、まず何よりも先に癇癪《かんしゃく》を減らすことがとても重要です。

大人の指示や提案にスムーズに動けるようになろう!

実体験をともなわせることで、ことばはよりスピーディーに増えていきます。

例えば、小さな子に「ボールを蹴る」ということばを教えたいとき、絵カードを見せながら教えるより、実際にボールを蹴りながら教えたほうが早く覚えます。実体験から「ボール」はこの丸い形の弾む物体で、「蹴る」とは自分の足で強く前に押し出すことなのだと知り、「ボール」「蹴る」ということばをスピーディーに理解するのです。

同じように、日常生活でもママやパパが「手を洗おう」「靴を脱ごう」「お風呂に入ろう」「歯を磨こう」と指示や提案の声かけをし、それに子どもが「はーい」と素直に動けることが、ことばの脳を育てる大事なポイントです。これができると、子どもは「手」「洗う」「靴」「脱ぐ」といった日常生活に必要な名詞や動詞をどんどん覚えていきます。

日常生活のことばをクリアしたお子さんなら、次は苦手なことや新しいことにもママやパパの声かけで挑戦できるようになるでしょう。

実はこの「指示や提案を受けてスムーズに動く」ことには、もう1つ、大きなメリットがあります。「ことばを話す」ときに使う脳の部位と「指示や提案を聞いて動く」ときに使われる脳の部位は、とても近い場所に位置しています。そこで、**大人が上手に指示や提案をしながら、子どもが自分でできる身の回りの行動を増やしてあげると、同時にことばの脳も刺激されて成長を促します。**その結果、無発語だった子でもわずか3カ月で単語が出るようになり、単語しかしゃべれなかった子が2語文、3語文と話せるようになるのです。

なんだかワクワクしてきませんか?

ママやパパが上手に褒めながら、日常の指示や提案をしていくだけで、自閉症児のことばの脳は着実に育ちます。しかも、覚えるのはたった1つの会話パターンだけ。これをマスターすれば、おしゃべりが苦手な自閉症児からことばが出てくるようになるばかりか、悩みの種だった癇癪《かんしゃく》まで減っていくのです。魔法のようではありませんか？

これが脳科学に基づいたコミュニケーション術の力です。

ここからは実践編に移ります。

最初に、『発達科学コミュニケーション』の**基本となる会話パターン**を、4ステップで紹介します。左ページの図をご覧ください。ママやパパにまず覚えていただきたいのは、この4つのステップです。話し始めから話し終わるまで、ステップ1～4を意識しておこなってみてください。ステップ3は、ステップ2で子どもが困った行動を始めたときのお助け術です。不要な場合は、1→2→4と進めてください。

まず3カ月は、わが子の脳に刺激を与える期間だと考え、継続して実践しましょう。それでも、なかなか癇癪《かんしゃく》が減らない、ママやパパの声かけに反応がなく指示や提案を聞いてくれないという場合は、自己流になっている可能性があります。また、自分1人では継続が難しいという方は、一緒に学ぶ仲間や伴走してくれるトレーナーとともに取り組むことをおすすめします。

自閉症児のことばを引き出す
『発達科学コミュニケーション』基本の４ステップ

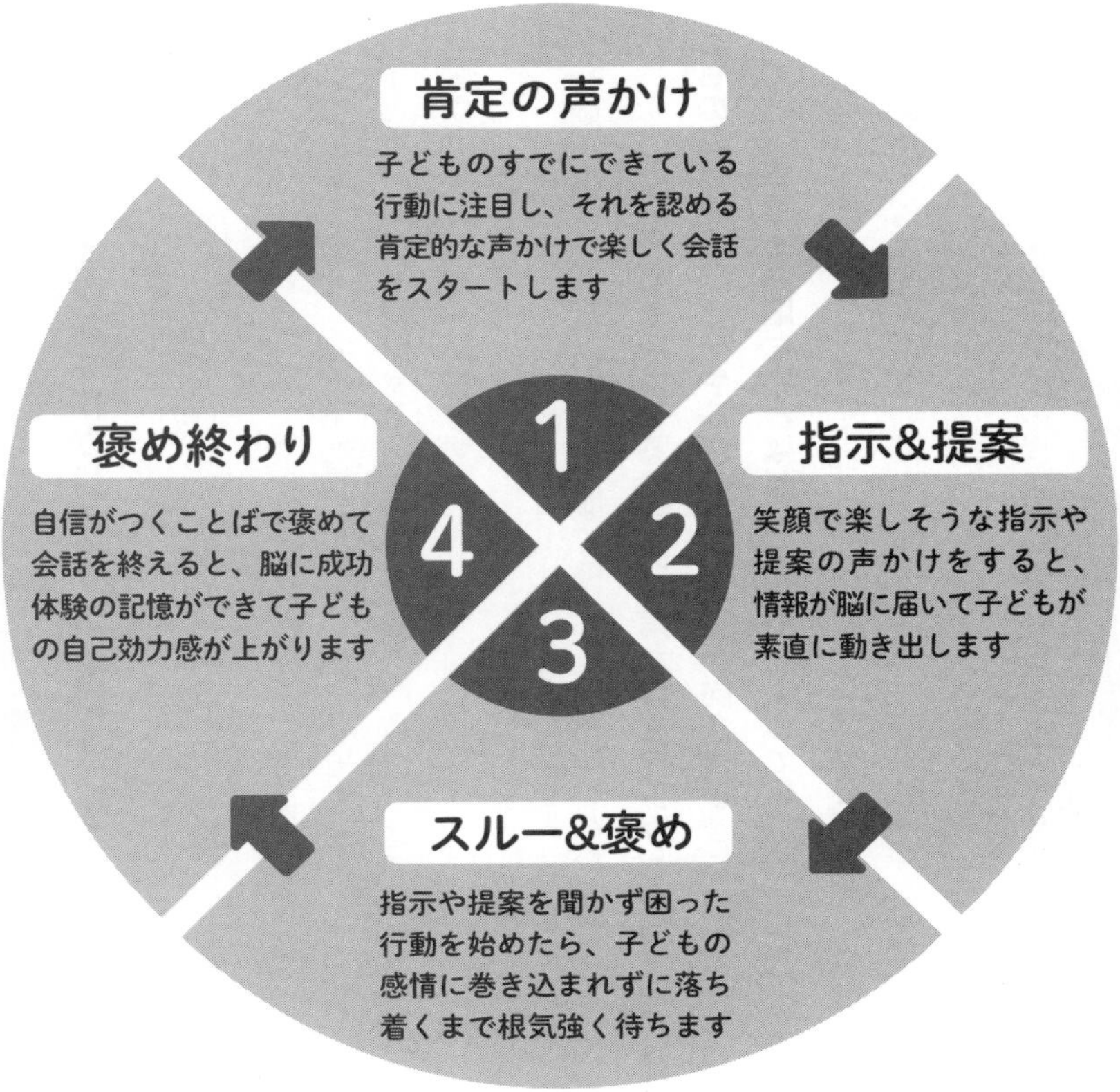
1
肯定の声かけ
子どものすでにできている行動に注目し、それを認める肯定的な声かけで楽しく会話をスタートします
2
指示&提案
笑顔で楽しそうな指示や提案の声かけをすると、情報が脳に届いて子どもが素直に動き出します
3
スルー&褒め
指示や提案を聞かず困った行動を始めたら、子どもの感情に巻き込まれずに落ち着くまで根気強く待ちます
4
褒め終わり
自信がつくことばで褒めて会話を終えると、脳に成功体験の記憶ができて子どもの自己効力感が上がります

ステップ1　子どもを認める声かけで楽しく会話をスタート〈肯定の声かけ〉

ことばが遅い子が相手だと、大人はつい一方的に指示を出し続けてしまいがちです。しかし、いきなり「やめなさい！」「早く食べなさい！」と強い口調で指示を出すことから会話を始めてしまったら、子どもの脳はうまく働きません。

なぜなら、子どもの脳はまだママやパパの声を聞く準備ができておらず、指示を出す声をシャットアウトしてしまうからです。

ところが、行動を促す会話の前に、笑顔で優しく「ねえ、たかし君」とか「おお！頑張ってるね」などと、**子どもを認める肯定的な声かけをワンクッション挟むだけで、とたんに子どもの耳が開き、ママやパパの声に注意が向きます。**このとき、ママやパパの声が耳に入ると、**子どもの脳にことばがしっかり届く**のです。

「肯定的な声かけから会話をスタートする」のは、**自閉症の子の脳に情報が入りやすくするための準備**だと考えてください。

脳は最初に入ってきた情報で、その後の働きが変わるという性質があります。不機嫌な顔つきの人が怖い口調で話しはじめると、誰しも身構えて心を閉ざしますが、笑顔の人が楽しそうに話しはじめると、興味が湧いて「なになに？」と身を乗り出しますよね。それが自分を褒めてくれることばだったらなおのこと、得意な気持ちになって「次に出てくることばはなんだろう？」と耳が開きます。

ママやパパが肯定的な声かけをするときは、表情や口調も意識しましょう。笑顔で優しく話しかけられたら、自閉症の子もママやパパに注目して「次に何を話すのかな？」と脳の準備が整います。

多くの自閉症児は、耳から入る情報を処理するのが苦手です。褒めても子どもが無表情でいるというお悩みをよく聞きますが、それは情報が処理されるまでに少し時間がかかるだけ。実は脳の奥にはしっかり届いていて、肯定的な声かけを3カ月続けていると、次第に目が合うようになったり、表情が明るくなったりという変化が現れてきます。自閉症の子の場合、最初のうちは「無反応が大前提」というくらいの気持ちで、根気強く肯定的な声かけを続けていきましょう。

ポイントは〝**すでにできている行動**〟に注目することです。

私の娘はよく、朝起きて服を脱ぎ、リビングにゴロンとしていることがありました。以前は「まだ着替えてないの？」「早くごはん食べて」とできていないことにばかり注目してイライラしていましたが、肯定的な声かけを実践しはじめてからは「もう起きたのね！」「自分で1階に下りたんだね！」「もうパジャマ脱いだんだね！」というように、すでに終わった娘の行動に注目して話しはじめるようにしました。

とはいえ、どうにも褒めるところがないこともありますよね。例えば、なかなかテレビを消してくれないとき。私は「早く消しなさい！」といきなり指示するのではなく、「テレビ見ているね」と娘が**〝いま〟している行動に注目**したり、「コケコッコーってニワトリが鳴いたね」とテレビに映るキャラクターについて見たままを楽しそうに話しかけてみたりしました。

会話をスタートするときに使いやすい、肯定的な声かけを左にまとめました。スマートフォンで写真を撮るなどして、いつでも見られるようにしておくとよいでしょう。私の生徒さんの中には、プリントアウトして冷蔵庫やトイレ、廊下にまで貼って褒め逃しのないように工夫し、「肯定の声かけ」をマスターした方もいらっしゃいますよ。

ステップ1の必勝テク

会話の始めは肯定的なことばで楽しく！

子どもを認める8つの声かけ

声かけ01 興味を示す

「あぁ、○○が好きなんだ」

「わぁ、何持ってるの？」

「へぇ、かっこいいのがあるんだね」

声かけ02 励ます

「あと半分だね！」

「いいね、もう少しだね！」

「できてるよ！」

声かけ03 喜ぶ・驚く

「持ってきてくれてうれしいな！」

「わぁ、たくさんだね！」

「すごい！ もう終わってるんだ！」

声かけ04 同意する

「ママもそれ好き！」

「なるほど〜」

「いいやり方だね！」

声かけ05 感謝する

「ありがとう！」

「助かってるよ！」

「あぁ、やっといてくれたんだね」

声かけ06 実況中継

「テレビ見てるね」

「片づけてるんだね」

「疲れちゃったんだね」

声かけ07 ジェスチャー

OKサイン
グッジョブサイン
拍手

声かけ08 スキンシップ

ハイタッチ
背中をさする
抱きしめる

※感覚過敏で嫌がる子には無理強いしません

ステップ2 子どもが素直に動き出す〈指示&提案〉

自閉症の子のことばを伸ばすことができたママやパパは〝提案上手〟です。子どもがつい行動したくなるような指示や提案ができたら、こっちのものです。会話を肯定的な声かけでスタートしたら次はテクニックを使いながら指示と提案の声かけをしていきましょう。

指示や提案が必要なのは多くの場合「テレビを見るのをやめない」「着替えない」など、思うように子どもが動いてくれていないときですよね。こういうとき、大人はたいていイライラモードです。怒鳴ったり急かしたりしても子どもは全く動いてくれない、それどころか癇癪《かんしゃく》を起こしてしまったという苦い経験が、自閉症の子を育てる親ならきっとあると思います。私は毎日でした。

自閉症の子は、指示や提案を聞いてから脳で処理をするのがゆっくりなうえに、不安が高まりやすい特性があるので、怒りながら声をかけられてもフリーズして動けなくなってしまいます。

反対に、**楽しそうな指示や提案**をすると、子どもは動き出します。特に小さな子や知的障害がある子には、わかりやすい指示や提案の声かけが大前提です。

考えてみてください。もし、あなたがフランス語で矢継ぎ早に指示されたらどうですか？　何１つ理解できず、口をポカンと開けてフリーズしてしまいませんか？　そのうえ急に怒られたりしたら、「もう聞いてやるものか！」と投げやりな気持ちになるに違いありません。

ことばがゆっくりな自閉症児は、これと同じ状況だと考えてください。相手が親であっても、意味がわかる日本語であっても、同じことです。早口で次々と子どもに声をかけても、子どもの脳はそれを処理できないのです。

しかし、楽しそうな口調で提案しながら指示を出すと、**「簡単そう！」「あとは動くだけ！」と脳が情報の処理を始め、子どもは素直に動き出します。**１つできたら、すかさず褒めて、また次の指示を出す。これを繰り返すことで、すぐに癇癪《かんしゃく》を起こしていた子も、驚くほど素直に言うことを聞き、行動してくれるようになります。数カ月も経てば、声をかけなくても自ら動けるようになるでしょう。

このとき、ぜひ使っていただきたいテクニックがあります。指示や提案の声かけを分

ステップ2の
必勝テク

すぐできるミッションで子どもが動き出す！

指示と提案の声かけ分解法

「着替えて」 ⇒ 分解すると…

- ✓ 着替えを持ってきて
- ✓ パジャマのシャツを脱いで
- ✓ Tシャツを着て
- ✓ パジャマのズボンを脱いで
- ✓ 半ズボンに足を入れて
- ✓ 半ズボンを上げて
- ✓ パジャマを洗濯カゴに入れよう

解して子どもに伝える方法です。

例えば、「着替えなさい」という指示をするとき、相手が大人なら多くを説明する必要はありません。しかし、小さな子どもの脳には抽象的すぎて、具体的に何から始めればいいのか理解できません。

そもそも、子どもは着替えの必要性を感じていませんから、面倒くさいなぁと脳は感じます。そこに「着替えなさい」という抽象的な声かけをされても、脳が段取りを組まないといけなくなるので、ますます面倒になってしまいます。

子どもを行動させるためには、脳が面倒くさがらず「これだけやればいいんだね！」とわかるように、**指示や提案をあらかじめ分解して伝える**ことが大事です。

右ページの図をご覧ください。例えば、小さい子に「着替えて」と指示するときは、7段階くらいに分解するとよいでしょう。①「着替えを持ってきて」↓②「パジャマのシャツを脱いで」↓③「Tシャツを着て」↓④「パジャマのズボンを脱いで」↓⑤「半ズボンに足を入れて」↓⑥「半ズボンを上げて」↓⑦「パジャマを洗濯カゴに入れよう」といった具合です。

もっと大きな子には、①「パジャマを脱いで」↓②「お出かけの服を着て」の2段階でもよいでしょう。逆に、もっと小さな子には「右足入れて」「左足入れて」「ズボンのうしろを持って」「持ち上げて」……と細かく分ける必要があるかもしれません。

何歳だから何段階というものではありません。お子さんをよく観察しながら、どのくらい分解するとわが子に合うのか、ママやパパが見極めてください。これぱかりは日々お子さんの様子を見ているママやパパにしかできません。もちろん最初は10段階だったとしても、次第に減っていき、最終的には「着替えて」で理解できるようになります。お子さんの成長を楽しみに期待しながら、分解上手になりましょう。

指示と提案のテクニックについては、第5章のこうせい君の事例（205ページ）にも詳しく書いていますので、ご参照ください。

ステップ3　子どもの感情に巻き込まれない〈スルー&褒め〉

ステップ2で、いくら分解して声かけをしても、「もっとテレビ見たい！」「お風呂入りたくない！」など、子どもが癇癪《かんしゃく》を起こしたり、ぐずって手がつけられなくなったら、ステップ3を実践してみましょう。ここで覚えるのは、**子どもの感情に親が巻き込まれないで**、子どもの癇癪《かんしゃく》を習慣化させず、徐々に癇癪《かんしゃく》を起こさないようにするテクニックです。

ステップ2で子どもが素直に行動してくれるようになったら、ステップ3は不要です。飛ばして、ステップ4に進んでください。

ポイントは「何もしない」こと。声かけは不要です。癇癪《かんしゃく》などの困った行動は全てスルーして、良い行動が出るのをひたすら待ちます。泣いて怒る、ものを投げる、ママやパパを叩く、髪の毛を引っ張るなど、**どんなに大暴れしても取り合わず、全く気づかないフリ**をしてください。

「だからお風呂入れって言ってるでしょ！」と怒りたくなる気持ちも、「痛い！　人を傷つけるなんて絶対だめ！」と過ちを正したくなる気持ちもよくわかります。しかしここはグッとこらえて、俳優にでもなったつもりで気づかぬフリを続けましょう。何も言いません。目も合わせません。子どもをにらんでも、ため息をついてもいけません。たとえ大暴れしても、「あなたのしていることは全く気にしてないよ」という態度を貫きます。子どもの困った行動が始まったら、床掃除をするとか雑誌を読むなど、何をするか決めておくと、うまくスルーできますよ。

どうしても同じ部屋にいるとイライラして子どもに暴言を吐きそうであれば、お子さんに危険がないことを確認したうえで、トイレに逃げ込んでもＯＫです。生徒さんの中には「癇癪《かんしゃく》が起きたらお風呂掃除に行く」と決めている方もいらっしゃいました。

スルーしてしまったらかわいそうと思われるママやパパもいますが、これは無視や放棄ではありません。自閉症児は脳の特性で、ダメだとわかっているのにやめられず、好ましくない行動をとってしまうことがあります。特に行動の切り替えが苦手な子だと、暴れたり騒いだりと、一筋縄ではいきません。そんな子どもたちに必要なのは、**気持ちを切り替える**ことです。

子どもの感情に親が巻き込まれ、一緒になってイライラしてしまったら、切り替えどころか親子ゲンカが始まってしまいます。そうならないためにも、親は子どもの困った

ステップ3の必勝テク

子どもの感情に巻き込まれないのがコツ！

困った行動の切り替え術

「困った行動」は落ち着くまでスルー

声かけは一切不要。子どもと視線も合わせず、ただひたすら待ちます。
子どもの危険がないことを確認できれば、別の部屋に移動してもOK。

否定的な態度はNG

にらんだり、ため息をついたりしてはいけません。
暴れていても気づかないフリを続けます。

「良い行動」が出たらすぐ褒める

「困った行動」の後に「良い行動」が出てきたら、すかさず褒めます。
「やっとできたの」などと皮肉まじりの声かけはNG。
「できてるね」と好ましい行動だけを認めて褒めます。

行動に取り合うことなく、ステップ3の「スルー&褒め」を実践してください。

ステップ3は、わが子の気持ちが切り替わるのを根気強く見守るテクニックです。その目的は、**「困った行動」の後に出てくる子どもの「良い行動」を見逃さず、それをすぐに褒めること**にあります。

勇気を持って困った行動をスルーしながら、どんな行動が出たら褒めるかをママやパパは考えながら待ってくださいね。

これを『発達科学コミュニケーション』では「ディスタンシング」と呼びます。「ディスタンシング」については、第5章のうみちゃんの事例（211ページ）でさらに詳しく紹介しています。お子さんの癇癪《かんしゃく》に困っている方は、あわせてお読みください。

ステップ4　子どもに成功体験の記憶をつくる会話の終え方〈褒め終わり〉

「肯定の声かけ」から始まり、「指示や提案」をした子どもとの会話は〝「褒め終わり」でシメる！〟と覚えてください。『発達科学コミュニケーション』を習っているママやパパでも、褒め終わりを忘れてしまうことがよくあります。ことばが遅い子ほど**「どんな行動が良かったか」を脳にフィードバックしてあげる**つもりで、会話を褒めて終わらせることが重要です。

「褒め終わり」の効果は2つあります。

効果①　どの行動が良かったのか子どもが理解しやすい

「えらいね」「すごいね」といった褒め終わりも決して悪くはないのですが、実は子どもの未熟な脳は具体的にどの行動が良いのかわかっていない場合が多々あります。知的障害のある子はなおさらです。「えらいね」「すごいね」ばかりだと良い行動があまり定着せず、着替えやトイレのお世話にかかる時間が短縮されることにはなりません。

必ず**具体的なことばで、シンプルに行動を褒め終え**てください。

効果②「自分はできる！」という自信が生まれる

自閉症の子は行動が遅く不器用なので、劣等感を抱いている子がほとんどです。さらに、ネガティブな記憶をためやすいという脳の特性があります。「自分はできない」「失敗したくない」という考えが強いばかりに、新しいことに挑戦しない、できそうにないことはやらないなど〝行動しない〟選択をしやすく、その結果、脳が育たないという悪循環が起こります。

脳の発達には「できた！」という成功体験から生まれる自信が不可欠です。しかし、自然の流れに任せていても、成功体験は積めませんし、自信も育ちません。「〇〇ができたね！」と周囲の大人が口に出して褒めることで、成功体験の記憶を脳に積み上げていく必要があるのです。

逆に「自分はできる！」という自己効力感さえ育てば、親のいないところでも「やっ

ステップ4の必勝テク

脳に成功体験の記憶がどんどん増える！

自信がつく褒め終わり方

① 具体的に褒める

ただ「えらい！」「すごい！」と褒めるのではなく
「1人でできてえらい！」「靴がはけてすごい！」のように
何がどう良かったのか具体的に褒めます。

② 120%の明るさで褒める

いくらことばで褒めても、表情や声色がともなわなければ
子どもの脳は褒められたと理解しません。
明るい笑顔や声をセットにして褒めるようにしましょう。

③ 途中でこまめに褒める

褒めるタイミングは、完了時ではなく、取りかかったとき。
さらに途中でこまめに褒めると、次の行動を起こす動機となり
良い行動を定着しやすくさせます。

てみる」という選択ができる子になります。親の手を離れた後も、自分で脳を育てられるポジティブなサイクルに入っていけるのです。

成功体験の記憶をつくる褒め終わりテク

子どもの脳に成功体験の記憶を効率的に積み重ねるには、ちょっとしたコツがあります。上の図で示した①具体的に褒める、②120％の明るさで褒める、③途中でこまめに褒めるの3つです。

それぞれ、詳しく説明していきましょう。

テクニック① 具体的に褒める

「何が良かったのか」「どのように良かったのか」を伝えるつもりで褒め終わるようにしましょう。「1人でトイレに行けたね！」「靴がはけたね！」と具体的なことばで伝えてください。「えらい」「すごい」を使うときも「えらい、1人で食べられたね！」「服脱げたのね、すごい！」というように、具体的なことばをプラスする習慣をつけましょう。

テクニック② 120％の明るさで褒める

自閉症の子には、褒めている雰囲気を思い切り出しましょう。

「すごいすごい」「えらいえらい」など、ことば自体は褒めていても、無表情のまま暗い声で言っていたらどうでしょう？　子どもの脳は褒められていると捉えることができません。逆に、明るい表情と明るい声で褒めると「これでいいんだ」とポジティブな記憶と行動がセットで記憶されます。せっかく褒めるなら120％の明るさで褒めて、次もまた子どもが良い行動をするように促したいものです。

私は娘を褒めるとき、明るく褒め上手な療育の先生をまねていました。皆さんも褒め上手なママ友や先生、タレントさんなど、誰か1人モデルとなる人を決めておくと、上手に褒めやすくなると思います。ぜひ試してみてくださいね。

テクニック③　途中でこまめに褒める

私はかつて子どもが完璧にできてから褒めるママでした。しかし、着替えにしろ食事にしろ、娘が最後までできることはほとんどなく、娘のことを褒められないと思っていました。

ところが、『発達科学コミュニケーション』を学ぶ中で「褒めるタイミングは行動のし始め」と知って目からウロコ、とても驚きました。しかも実践してみると効果抜群だったのです。

ある日、娘が食卓について食べはじめるでもなくぼーっとしているので、「食べるんだね」と私が笑顔で言うと、そのことばに促されるように娘が食べはじめたのです。1口食べたところで「食べたね！」と褒めると、さらに2口、3口と食べてくれます。そして「おっ、もう3口食べたね！」「もう半分食べたね、いいね！」などとこまめに褒めていくと、なんでも「ママやって」だった娘が1人でごはんを食べるように変わっていきました。

こまめに褒めると、良い行動は定着しやすくなります。自閉症の子にはぜひ、こまめに褒めて「できる！」を増やしていきましょう。

成功体験の記憶ができないNG対応

逆に、いくら褒めても成功体験を記憶しづらくするNG対応もあります。誰もが陥りがちな失敗ですので、知っておいてください。

NG対応① 100％できたら褒める

食事の間、私は娘を全く褒めずに、全部食べ終えてから褒めようとしていたため、必要以上に時間を費やしました。私の都合で時間切れとなり、食事を片づけてしまったことさえあります。完璧を目指し、100％食べたら褒めるのでは、褒める機会が少ないばかりか、良い行動が定着しません。

自閉症の子だけでなく、その兄弟にも言えることですが、親が100％できたときにだけ褒めていると「100％できることが素晴らしい」という考えの子どもになっていきます。100％できないと褒めなかった私の子は、自閉症の娘だけでなく2歳離れた息子まで自分に厳しくなりました。そして、確実にできることには挑戦しても、失敗するかもしれないことには手を出さないようになりました。

しかし『発達科学コミュニケーション』の手法で子どもたちに接するようになると、「ぼくはママに褒められる天才だ！」と言うようになり、新しいことにも挑戦する好奇心旺盛な子に育っています。

NG対応② 余計なひと言を付け加える

せっかく褒め終わったのに、「ママの言うこと聞いたらできたでしょう」「明日もやってよね」「最初からそうすればいいのに」など、余計なひと言を付け加えてしまうのはNGです。

そうした皮肉っぽい言い回しはお説教と変わりませんので、結局ポジティブな記憶が脳に入っていきません。会話の最後はポジティブなことばで褒め終わることを意識してください。

NG対応③ 当たり前のことは褒めない

「トイレに行く」「着替える」など、できて当たり前のことは褒めなくてもいいというわけではありません。できて当たり前のことでも、発見したらすぐに褒めて注目してあげてください。「ママやパパが、自分のことをちゃんと見てくれている」という安心感にもつながります。

NG対応④　親に都合の良いことだけ褒める

同じことをしても、親の気分や都合で褒めたり褒めなかったりしていると、子どもは混乱し、どの行動が良かったのかわからなくなってしまいます。こうした褒めムラがあると、良い行動が定着しづらくなってしまいます。親の褒めたいときに褒めるのではなく、「手を洗った」「自分で食べた」など日常のささいなことでも、良い行動には何度でも繰り返し褒めてあげましょう。

第4章

7組の親子が実践した発達のお悩み解決ストーリー

7つの体験談からお悩み解決のヒントがわかる!

ここまでは、おうち療育や自閉症の基本的な知識をご紹介し、『発達科学コミュニケーション』でおこなう会話のパターンについて解説をしてきました。

しかし、「本当に親の声かけを変えるだけで、子どものことばが伸びるの?」と半信半疑の方もいらっしゃると思います。

第4章では、実際に『発達科学コミュニケーション』をマスターし、自閉症であるわが子のことばを伸ばすことができた7組の親子のお悩み解決ストーリーをご紹介します。登場するのは自閉症と診断されたお子さんがほとんどですが、中にはことばの遅れを指摘されただけのお子さんもいますし、知的障害をともなうお子さんもいます。年齢も特性もさまざまな子どもたちに対して、実際にどんなテクニックを使い成果を上げることができたのかを知ることは、本書を手に取ってくださった皆さんのお悩みを解決するうえでも、大きなヒントとなるに違いありません。

さらに第5章では、第4章でご紹介する7つの事例で用いられたテクニックについて掘り下げ、自閉症児のことばを伸ばす具体的なスキルを詳しく解説しています。

まず第4章の7つの事例を読んで、わが子の悩みに近いお子さんを見つけたら、第5章はそのお子さんの悩みを解決したテクニックから読み進めていくのがおすすめです。いますぐ始められるテクニックを厳選していますので、今日からでもおうちで実践してみてくださいね。

また、『発達科学コミュニケーション』をもっと知りたい、学んでみたいという方は、無料のメール講座に登録してください。おうち療育で成果をあげるために知っておきたい知識やノウハウが、日々の子育てに忙しいママでも1日1分で読めるメッセージとして毎日届きます。左の二次元コードを読み取り、登録ページからお申し込みください。

無料メール講座
『ことばが苦手な自閉っ子の会話力がどんどん伸びるメールマガジン』

声かけを変えたら、たった3週間で「ママ」と呼んでくれた！

月山 おと（発達科学コミュニケーション トレーナー）

＼ 愛《あい》ちゃんのプロフィール ／

重度知的障害をともなう自閉スペクトラム症の特別支援学校1年生（7歳女子）
ことばは喃語《なんご》しか話せず、癇癪《かんしゃく》・後追いがあり、1人では何もできなかった

お悩み

・ことばが出なくなった
・ことばよりもまず癇癪をなくしたい
・わが子に期待や希望が持てない

実践の成果

◎ことばが話せるようになった
◎癇癪・イライラ・後追いがなくなった
◎子育てが楽しいと思えるようになった

そればかりか
手のつけられない
癇癪《かんしゃく》や奇声・奇行
いやー
やー
睡眠障害
まだ寝ないのー…
過度の偏食
野菜
魚
んー
んー
自傷行為
やめて！そんなことしちゃダメ！
ガンッ
ガンッ
暴力
ごめんなさい！
バシバシ
衝動的な行動…
ダッ
危ない！
直してほしいことはたくさんあるけれど…
ママ！
もしたった1つだけ願いが叶うなら
愛！
愛と話がしたい
もう1度「ママ」と呼んでほしい

愛が2歳の七夕
今年もみんなで願い事を書こっか
わーい
わーい
書こう♪書こう♪
1つだけなら絶対に願いを叶えてもらえるかな?
叶えてくれるよ!
せーので短冊を見せあいっこしようか!
せーの!
じゃーーん
あいがねーねと言ってくれますように♡
あいがたくさん話せますように!
愛がママと言ってくれますように
みんな願うことは一緒だね!
2歳児検診でことばが出ないことを相談すると耳鼻科の受診を勧められました
耳の聞こえに異常はないので他を疑ったほうがいいですね
おれも3歳までは全然しゃべれなかったらしいよ

そっか…
まだ話さないのは遺伝なのかも
愛も3歳になればことばが出てくるんだ！
主人の話を信じてことばが出やすい環境をつくろうと調べました
言葉 環境
テレビを見るのをやめ…
お姉ちゃんテレビ消して！
わかった！
音楽を聴くのもやめ…
パパ音楽は止めて！
…
あ そうだった…
環境を整えたくさんのことばをかけ続けること8カ月…
今日はお絵描きしようか！
なんの絵を描く？犬？それとも猫にする？
あ――
バタ
バタ
あっあ
全く変わりませんでした

すがる思いで発語を促すプログラムに申し込みましたが…
発語プログラム
お申し込みはこちら
発語プログラムとは
小麦粉を食べさせないで
ハイ
絵カードをおうちでやって
ハイ
どんなにお金と時間を費やしても成果は現れず
ワンオペ生活の中で次第に追い込まれていきました
もう食べてよ!
あ゛ー
うるさい!
…
…
愛の癇癪《かんしゃく》は以前より悪化していきました
1時間や2時間何をしても泣きっぱなし
いやー
あ゛ー
しかも1日に何度も…

近所迷惑にならないように夜は毎日愛が寝つくまでドライブへ
もう0時過ぎ…
やっと寝た
疲れた…
毎晩大変だけど愛とずっと家にいるよりマシか…
ある日いつものように愛を車に乗せて夜のドライブに出かけると…
え…
ドアが開いてる!
バタン
もう限界だ…
疲れた…
諦めよう…
もう愛と話せなくてもいいや
このとき愛は3歳
その後しばらくして自閉症の診断を受けました

双子の姉たちから諦めない勇気をもらった日

年月が経ち、愛は特別支援学校に入学しました。相変わらず癇癪《かんしゃく》やイライラが多く、生活は全て介助が必要です。5月からは後追いも始まり、私の後をトイレまでついてきては鍵がかかったドアノブをガチャガチャと回し、開かないとわかると奇声を発して地団《じだん》駄《だ》を踏んでいました。仕事に出た日の昼休みだけが、私にとって心が休まる時間でした。

子どもたち3人が放課後デイサービスから帰ってきたある日のこと。「今日は七夕飾りを作ったよ」と双子の姉たちが家に持ち帰ってきました。「愛のも代わりに作ってきたよ～」と見せてくれた短冊には、字を書くことができない愛の代わりに『ママとパパとたくさん話せるようになりますように　愛』と書かれていました。その下には、家族5人が笑顔で手をつないだ絵も描かれています。

胸がぎゅーっと締めつけられる思いでした。

最近こんなふうに笑ってないな……。

姉たちは愛が話せるようになることをまだ諦めていなかったんだ……。

そのとき、ハッと気がついたのです。

そうか！　もしかしたら愛だってこうして笑って話したいのかもしれない。私だって、ずっとそう思っていたじゃない……！

数日後、今川ホルンさんのセミナーの案内を受け取りました。そこには「おうちでの声かけを脳が育つ声かけに変えるだけで、知的障害のある自閉症児のことばが発達する」「知的障害のある自閉症の娘のことばが、おうちでの声かけだけでどんどん伸びた」と書いてありました。

そんなこと本当にあるの？

私は半信半疑でしたが、これまでになく興味が湧き、書かれていたメッセージが忘れられませんでした。一方で、これまで試したプログラムに何度も挫折し諦めてきた自分が信用できず、葛藤していました。

この日は仕事だから無理かな……。

無料だし、こんなチャンスないかもしれない。

でも、もしまた途中で諦めてしまったら……？

そのとき、姉たちが書いた七夕の短冊を思い出しました。愛の母親としての自信を失っていた私は、２人から諦めない勇気をもらったばかりでした。

この先の人生はもう後悔したくない！

私は意を決してセミナーに飛び込むことにしたのです。

初めて会った今川ホルンさんは、自閉症児のママに対する気持ちを丁寧に語ってくれました。こんな人がいるのか……と感動した私は、そこで学んだことを家で実践しはじめました。

夢にまで見た願いが叶った瞬間

セミナーでは、自閉症児のことばの発達は脳が関係していて、楽しいことをしているときに脳は育つと教わりました。私が実際に取り組んだことは次の３つです。

１つ目は、**何かしてほしいときに〝笑顔〟で言う**ことです。

振り返ってみると、ふだんの私は真顔になりがちだったことに気づかされました。子どもの目線からママを見上げるとき、子どもの脳は真顔を怒り顔と認識してしまうこともあるのだそうです。それを知ってからは、気持ちにゆとりを持って、笑顔を心がけるようにしました。

また、それまで私は愛が癇癪《かんしゃく》など好ましくない行動をしたときに、「それはダメ」という意味で怒った顔をして、指でバツをつくっていました。しかしこれは間違った方法だったと知りました。

2つ目は、**指示や提案を〝ゆっくり〟言って反応を待つ**ことです。

愛がすぐに動かないと、つい話が通じていないものと思い込み、間髪入れずに「座って、座るー、ほら座って！」と矢継ぎ早に指示を出しては急かしていました。しかし、自閉症である愛の脳には指示や提案のことばがじわじわ届くということを知り、それからは目を見て笑顔で「座ろうね」と言って待ちました。

待つ間、少しでも座ろうという気持ちが行動から見えたら「そうそう！　いま椅子を見たね、えらいね〜」というように、座れるまで愛の様子に注目します。そして座れたら「やったー、すごい愛！　座れたね！」と**拍手しながら大げさに褒める**ようにしました。

また、愛は食べることが好きなので、短時間でも一緒にごはんを食べるようにして、「おいしいね〜」と首を傾けながら声をかけ続けました。すると、愛も一緒になって首を傾けるようになりました。そればかりか、食事中もよく笑い、いろいろな食べものに挑戦するようになったのです。さらには、拍手をして自分ができたことをアピールするようになりました。

3つ目は、**声を〝穏やか〟にする**ことです。

愛は私の声のトーンに敏感で、大きな声には耳をふさぎます。そこで、**命令調ではなく、ふんわり優しい声を意識**するよう心がけました。

すると、2週間足らずで愛に変化がありました。私にとってストレスだった後追いの回数がぐんと減ったのです。ことばもはっきりではありませんが、イントネーションでそれらしく聞こえることが増えてきました。

そして3週間ほど経ったとき、リビングを出ようとする私のところに「ママ〜」と言って愛が駆け寄ってきたのです！

まさか!?　これは夢？

私は信じられませんでした。愛がいま私を「ママ」と呼んだ……。私はうれしくて愛を力いっぱい抱きしめました。

「愛すごい!!　ママと言ってくれてありがとう！　うれしいよぉ！」

ずーっと願っていたことが叶った瞬間でした。

愛に訪れた奇跡のような変化

セミナーで学んだ方法に希望を見いだした私は、『発達科学コミュニケーション』を本格的に学ぶ決心をしました。

『発達科学コミュニケーション』は、道具を一切使わず、脳を発達させる声かけを毎日続けるだけのコミュニケーションメソッドです。これを実践するようになって、愛は私の言うことをとてもよく理解するようになりました。そして、行動にともなうことばが出てくるようになったのです。

例えば、ごはんを自分で混ぜながら「まぜまぜ～」と言ったり、レンジで温めてほしいときは「ママ、チン！」と言って茶碗を差し出したり。体をぶつけてしまったときは「痛い！」、遊んでいるときは「楽し！」と言って、私を驚かせることもありました。

そして『発達科学コミュニケーション』を始めてから3カ月ほど経ったある日、学校にお迎えに行き、愛を車に乗せてシートベルトを装着したときのことです。愛と目が合ったその瞬間、愛は突然「だいすき」と言ったのです！

「え？　いま大好きって言ってくれたの⁉　本当に⁉　愛、ママも愛が大好きだよ、ありがとう〜、ありがとう〜」

涙が込み上げてくしゃくしゃになった顔で、私は何度も愛に感謝を伝えました。

こんな奇跡は想像すらしていませんでした。7歳の重度知的障害をともなう自閉症児の愛が、私の声かけだけで「だいすき」と言ってくれるようになるなんて、3カ月前には予想もできなかった出来事でした。

愛の変化は、ことばだけではありませんでした。癇癪《かんしゃく》やイライラ、後追いに悩まされることがなくなり、私は精神的にとても楽になっていきました。

いままで諦めていたお出かけにもたくさん行けるようになり、家族や祖父母も喜んでいます。愛も『発達科学コミュニケーション』を始める前とは別人のようにできることが増え、表情も豊かになりました。

私は、これからの子育てがとても楽しみです。いまそう思えるのは、愛の変化を目の当たりにしてきたからです。この奇跡を、子育てに疲れ果て、希望が持てないでいるママやパパに、伝えていきたいと思っています。

本当につらいときは誰にも助けてと言えなくなるのを私も経験しています。しかし、それで諦めるのはもったいないことも知っています。だから、私が誰よりもわが子を成長させて、子育てに悩むママやパパと一緒に、この感動を分かち合いたいのです。

愛は私たち家族にことばの尊さを教えてくれました。普通に生活していたら、決して気がつかなかったことです。「ママ」「だいすき」と言ってくれただけで、私はうれし涙があふれ、心が震えました。そんな心の豊かさを、愛が教えてくれたのです。

今年の七夕の短冊には、『毎日、愛が「だいすき」と言ってくれますように』と書こうと思います。

共感の気持ちが育ち、ことばで愛着を伝えてくれた！

桜山 尚（発達科学コミュニケーション トレーナー）

＼ 咲人《さきと》君のプロフィール ／

自閉スペクトラム症と診断された園児（4歳男子）

目が合わず、一方的な要求しか伝えられなかった

お悩み

・目が合わず子どもの感情がわからない
・要求されるだけの会話に疲れた
・ママとの関わりを強く求めてくれない

実践の成果

◎「ママ、見て～」が言えるようになった
◎双方向の会話ができるようになった
◎スキンシップを求めてくるようになった

にこっ
にこっ
こーちわ
ペコ
こんにちは
1歳半になった甥っ子に会い衝撃を受けました
すごーい！
目が合う！
ニコッと笑ってくれる！
ことばが出てる！
咲人より1年半も遅く生まれたのに…
ばあ
うらやましい!!
それに比べて咲人は大人に話しかけられても知らん顔
…
どうしてうちの子が自閉症なんだよ！
悔しくて悲しくてやり場のない気持ちでしたが咲人の自閉症は何がなんでも母親である私がなんとかしてみせる!!
そう心に誓ったのです

ここから私の発達支援迷子が始まりました
家でもできることないかな？
そうだ！
子育て講座にも参加してみよう
インターネットで情報収集してはどんなことにも取り組んでみました
発達障害
これいいかも！
フラッシュカード
食事療法
ヘム鉄
ビタミン…
足つぼ療法
もみもみ
漢方…
薬はクッキーに混ぜてみよう
しかし咲人のことばは一向に伸びず
…
独身時代に貯めた300万円は全額息子の発達支援に消えました

伸びるどころか
もともとは
穏やかだった咲人が
ん――
う゛――
3歳を過ぎたころから
ひどい癇癪《かんしゃく》を起こすように
なったのです
あーっ!
眠くて機嫌が
悪いのかな?
はじめのうちは
たまたま機嫌が悪いの
だろうと思っていましたが
う――
また?
あー!
気がつくと
癇癪《かんしゃく》を起こすのが
当たり前になって
いました

咲人のこだわりと癇癪《かんしゃく》のスイッチがセットになったようでした
おはよう 朝ごはん食べようね
パチッ
あーー!
ごめん! 咲人が押したかった!?
いつものようにごはんにふりかけかけたよ
とんっ
!?
いやーー!
えっ? 今日はふりかけかけちゃダメなの?
ごめんね
お皿の位置やお盆を置く場所お茶はこの線まで入れるなど少しでも意にかなわなければ大暴れ
朝起きてからほんの15分の短い間で咲人は一方的な要求を繰り返し怒っては泣くようになりました
あーー!

何が癇癪《かんしゃく》のスイッチになるかわからない
疲れる…
これは癇癪《かんしゃく》にならないかな?
パチッ
あー!!
ヴーあー
バンバン
ガラガラ
大きな声で泣かないで…
虐待と間違われて通報されたらどうしよう
私は咲人の地雷を踏まないよう一挙手一投足に気を遣うようになりました
やがて夫婦ともにメンタルにも影響が出るようになりました
…
あー
もういやだ…
これもいいかな…
これはて、
咲人を変えられるものはないの…?
そしてますます発達支援迷子の沼にはまっていったのです

自閉症の息子を〝私が〟育てる覚悟

先の見えないトンネルの中で、相変わらず発達支援の情報を調べていたとき、たまたま今川ホルンさんの『発達科学コミュニケーション』のページが目に留まりました。そこには「ママがわが子の発達の専門家になれる」と書いてありましたが、そんなことはいままでどこを探しても見たことも、聞いたこともありませんでした。

私はすぐに「やってみたい！」と思いました。しかし、これまで何を試しても一向に成果が現れなかった経験から、またうまくいかなかったらどうしよう、お金ばかり使って夫になんと言われるだろう……と、いつもならすぐに行動する私が、このとき初めて躊躇《ちゅうちょ》しました。

しかし、こうして迷っている間にも、咲人はますます癇癪《かんしゃく》で手がつけられなくなっていきます。咲人と心もことばも通じ合えない生活に、私たち夫婦は疲弊《ひへい》していました。

「こんな日々を変えたい！」

これが最後のチャンスのつもりで、私は『発達科学コミュニケーション』に賭けてみることにしました。

『発達科学コミュニケーション』を学びはじめてすぐ、とても大きな気づきがありました。これまで私がしてきたことは、全て息子任せだったたということです。いままで私は「息子の自閉症は、何がなんでも母親である私が解決する！」と考え、そのために自分が努力をしていると思っていました。しかし、私が努力だと思い込んでいたのは、目の前にいる息子を否定して〝普通の子〟に変えようとすることばかりだったのです。

療育の先生に送り届けては「〝普通の子〟に変身して戻ってきてね」、漢方入りのクッキーを食べさせては「〝普通の子〟になってね」と思っていました。明日になったら突然咲人が〝普通の子〟になる特効薬か何かを探していたんだと思います。

私には本当の意味で自分が咲人を育てる覚悟ができていなかったのです。ひどい母親でした。そう気づけたからこそ、初めて「私が変わらければ！」と腹をくくることができました。

ことばと一緒に心も通じ合える！

『発達科学コミュニケーション』を学んでから、私が主に取り組んだのは次の３つのテクニックです。

1つ目は**「実況中継」**です。

『発達科学コミュニケーション』を家で実践しはじめた当時、咲人は褒めると反発して怒る子だったので、「すごいね」「よくできたね」のような褒めことばは使えませんでした。その代わりに「おはよう、朝起きられたね」「トイレいけたね」「手を洗えたね」と**見たままを実況中継のように声かけをすることで、咲人の行動を認める**よう心がけました。事実を伝えていくだけなので、咲人も反発することなく、すんなり私のことばを受け入れてくれている様子でした。

2つ目は**「ディスタンシング」**です。

咲人のことばを伸ばすには、まず癇癪《かんしゃく》の問題を解決する必要がありました。そこで、**癇癪《かんしゃく》が始まったら見て見ぬフリをして待ち、癇癪《かんしゃく》がおさまったり、良い行動が現れたらすかさず褒める**「ディスタンシング」を実践しました。「見て見ぬフリをする→褒める」を1セットとして、取り組みました。

本来であれば、文字通り癇癪《かんしゃく》がおさまるまで距離を置けるといいのですが、咲人の場合、しがみついて離れないうえに、いつまでたっても泣きやむ気配がないというような癇癪《かんしゃく》でした。しかしよく観察していると、咲人は大泣きしながらも、どうすれば私にアピールできるか試行錯誤していることがわかってきました。

例えば、大声で泣きながらも「ママー、こちょこちょ〜」と言って、私にアピールする瞬間が毎回ありました。そこで、すかさず「ママって言えたね！」と好ましい行動に焦点を当て、褒めるようにしました。すると、何か不満なことがあっても癇癪《かんしゃく》ではなくことばを使って私にアピールするということを学び、2年間悪化し続けていた癇癪《かんしゃく》がたった3週間でおさまったのです。

そこから息子の表情がやわらかくなり、みるみる様子が変わっていきました。それまではことばも愛情も私から咲人への一方通行でしたが、咲人のほうから関わりを持とうとすることが増えたのです。手をつないできたり、抱きついてきたり、髪の匂いを嗅いできたりです。

それと同時に、ことばが伸びました。ある日、『こびとづかん』が大好きな息子に「何かこびと描いてあげようか？」と提案すると、「かいて〜」と答えたのです！　双方向の会話は、このときが初めてでした！　私は飛び上がるほど驚きました。

3つ目は**「ジョイントアテンション」**です。

「実況中継」で褒めることにだんだん慣れてきたころ、私はもっと心の距離を縮めてことばを伸ばしたいと思いました。そこで、ことばの遅れが気になる咲人に、少しでも成長してほしいという願いから「咲人、これは赤だね」「咲人、こうやって動かすんだよ〜」と息子が見ているものの〝名前〟や〝使い方〟をことばにしていました。

しかし、「ことばを教えたい」という思いが強すぎるあまり、本当は何に興味を持っているのかわからず、咲人の心が置いてきぼりになっていたことに気づいたのです。そこから、**咲人が本当に気になっているものに興味関心を示して声をかけ**られるようになりました。

すると2カ月が経ったころ、咲人が初めて「ママ、見て〜」と言ったのです。いつも知らん顔をしていた息子が、私に共感を求めてる！　息子と心が通じてる！　たった4文字のことばには、息子が私と話したい、同じものを見て共感したいと願う欲求の高まりが現れていたのです。私は感動し、咲人のことばはこれからますます伸びると確信しました。

はじめはストレートな褒めことばに反発していた咲人でしたが、いまではどんなパターンの褒め方でも素直に喜んで聞き入れてくれるようになりました。その結果、私のことばがますます咲人に届きやすくなり、私ともっと話したいという思いが咲人の中で育っていると実感しています。

愛着を深めるとことばが伸びる

私は『発達科学コミュニケーション』を実践して息子の脳を育て、たった3カ月で変身したわが子を目の当たりにしています。目が合わず、双方向の会話ができず、愛着が持てなかった咲人が、いまでは毎日「ママ、見て〜」と言って会話やスキンシップを求めてくることがうれしくて仕方がありません。

かつて息子とことばも心も通じなかったときの、あのなんとも言えない強烈な違和感を、私は愛着発達の未熟さだったと気づきました。だからこそいま、ことばも心も通じ合えなくて苦しんでいる親子を救うために、愛着を深めてことばを伸ばす専門家となり活動しています。

愛着を深めてことばを伸ばせるのは、親しかいません。子どもにとって、ママやパパ以上に頼りになる〝専門家〟は、世界中どこを探してもいないのですから。

3カ月で癇《かん》癪《しゃく》と自傷行為がなくなり ことばのキャッチボールができた！

水川 ねね(発達科学コミュニケーション トレーナー)

＼ 碧《あお》君のプロフィール ／

重度知的障害をともなう自閉スペクトラム症の小学校1年生（7歳男子）

専門医から「会話は一生できない」と言われていた

お悩み

・療育の成果がなかなか現れない
・不快な気持ちをことばにできない
・情報が多すぎて発達支援迷子になっている

実践の成果

◎ことばが出て癇癪・自傷行為がなくなった
◎体の不調をことばで伝えるようになった
◎自己肯定感が高まった

1歳9カ月で保育園に入園した碧
お母さん今日も碧をよろしくね
わかったよ行ってらっしゃい
警察官だった私は毎日の送迎を母に任せていました
母からはときどき連絡があり
お母さん
尋常じゃないくらい嫌がるんだけど
休ませたらあかんの？
でも母にこれ以上面倒をかけたくないしことばが遅い碧には保育園でいろんな経験をしてほしい

保育園って慣れるまで嫌がるもんやろし行かせて！
実際に碧が苦しむ姿も見ずにそう伝えていました
あー
しかし日に日に
目が合わなくなり
碧から笑顔が消えました
ある日
ゴトッ
あっ
う…う――
ガタ
ガタ
えっ？これって…まさか…
碧？
虐待された子がする行動…
碧 大丈夫だよ！

碧は1年間保育園で虐待を受けていたことが発覚
耳元で怒鳴られたり叩かれたり
走り回れないようにロープで縛られたり…
んー。
やがて碧の奇声や癇癪《かんしゃく》自傷行為が始まりました
碧やめて!
ガジガジ
私が母親じゃなかったら碧を守れたのかも…
その後病院で診断を受け
自閉症ですね重度の知的障害もあります
え…?
碧は話せるようになりますか?
会話は一生できません
碧の人生は終わったと思いました
碧はすぐに転園しましたが
お母さんよろしくね
わかったよ
!? 碧どうしたの!?
ハァ
ハァ
ハァ
保育園へ行くのが嫌なんだね…
ハァ
ハァ
ハァ
PTSDを発症し過呼吸を起こすほど保育園を嫌がりました

私は誇りだった
警察官を辞め
碧のそばにいる
ことを決意
小学校に上がるまでの
3年間 碧に良いと
思えるものは
全て試しました
言語訓練
栄養療法
ビタミンB群
DHA
亜鉛
乳酸菌
某大手療育
のりものカード
どうぶつカード
アロマ療法
もみもみ
大金と時間を
費やしたのに…
あけて…
POTAT
CHIPS
ちょうだい…
碧ができるように
なったのは
簡単な要求だけ…
ただ年長の1年間は
碧も落ち着いて
穏やかに過ごす
ことができました
おくりも

ところが小学校に入学すると…
早く来なさい!
先生に無理やり腕を引っ張られたことでPTSDが再発
ハァ
ハァ
入学1カ月で不登校になりました
自傷行為も復活
ゔーー
碧!
ガン
ガン
もう学校に行かなくていいんだよ
お願いだからもう自分を傷つけないで
私たちは無力でした
こんなことが一生続くの…?
この子はもう生きていてもつらいだけだ…

ついに私の心は
壊れました
その夜
碧…
7年間よく頑張ったね
一緒に楽になろうね
うっ うっ
SEARCH
無理心中
3日後
碧と一緒に死なせてほしい…
夫に懇願したのです

「3カ月で会話ができるわけがない」

夫に初めて「死にたい」と打ち明けた後も、私は死にたい衝動と毎日戦いながら、夜中のネットサーフィンだけは続けていました。そしてある日、知的障害児や自閉症児について発信されているインスタグラムの中に『発達科学コミュニケーション』を実践すると、3カ月で会話ができるようになる」という今川ホルンさんの投稿を見つけました。

「私は3年間頑張っても会話につながらなかったのに、3カ月で会話ができるようになるだなんて、あり得ない……」

最初は私も疑いました。

しかし読み進めてみると、『発達科学コミュニケーション』が脳科学・心理学・教育学に基づいていると知り、私自身、大学で心理学を学んでいたこともあって、興味が湧きました。気づいたときには、今川ホルンさんの投稿を全て読み終えていたのです。

心に留まったのは、今川ホルンさんが『発達科学コミュニケーション』を学んだのが、お子さんが小学1年生のときだったということ。碧も同じ小学1年生、まだ間に合うかもしれない……！

半信半疑ではありましたが、かすかな希望を頼りに、今川ホルンさんの個別相談に申し込んだのです。

初めて息子と会話する未来を想像できた!

個別相談では、今川ホルンさんのお子さんが小学1年生だったときの様子と、その後の変化や成長を話してくださり、感動すると同時にとてもうらやましく思いました。そして、会話力を伸ばすためにはまず「脳の発達の順番を知ること」だと知り、衝撃を受けました。さらに、碧のような子の脳のタイプは「行動したことならことばにできる」という発達の順番があると指摘されました。思い返すと、確かにその通りでした。

個別相談の中で聞くことが、いままでの発達支援の常識では考えられないことばかりだったので、「本当かな?」とにわかには信じられない一方で、一筋の光が見えたような気がしました。

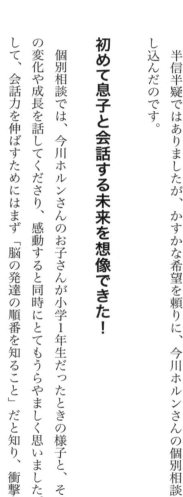

「碧君とお話ができるようになったら、どんなお話をしてみたいですか?」

そう聞かれたとき、私はいままで1度も想像すらできなかった碧の姿が脳裏に浮かんだのです。碧が笑顔で会話している姿です。

私は初対面である今川ホルンさんの前で号泣しました。そして『発達科学コミュニケーション』を信じて学んでみようと決断したのです。

1語文だった息子が3語文を話すようになった！

碧のことばを伸ばすために効果的だったのが、**「1UP《ワンアップ》ルール」**というテクニックです。**現在の発語数にもう1語プラスした声かけを繰り返すことで、子どもが話せることばを増やしていく**という方法です。

私はまず、碧が1度に話す単語の数を把握することから始めました。

すると、「おやつ、ちょうだい」だけ2語文で、それ以外は「バナナ」「くるま」と1つの単語だけで話していました。発音が悪く、私しか聞き取れない単語もありましたが、碧の言語発達の段階は「1語文」と判断しました。

発語数を確認しているときに注意したのは表情です。真顔でいると子どもには怒っているように感じられることもあるので、「笑顔」で楽しむことを意識しました。

現在の段階が「1語文」だったので、私はもう1語増やした「2語文」で碧に話しかけることを徹底しました。例えば、こんな感じです。

碧「こうえん！」

私「公園、行く～？」

碧「バナナ！」

私「バナナ、食べる～？」

碧「おかあさん！」

私「お母さん、来て？」

碧にとって**「次の発達段階を示す見本」になることに重きを置いて、ことばを付け加える**ようにしました。

すると、最初は私の言った通りにおうむ返しをしていた碧が、２カ月後には「トイレ、行く！」「踏切、渡る！」「すべり台、すべる！」と自分から2語文で話すことが増えました。私の両親に「ばぁば、来て！」「じぃじ、（ブランコ）押して！」と言ったときには、2人とも本当にうれしそうに笑っていました。

「1語文」よりも「2語文」で話すことが多くなったタイミングで、今度は「3語文」で話しかけることを徹底しました。

碧「くしゃみ、出た！」

私「お父さん、くしゃみ、出た」

碧「スイミング、行く！」

私「明日、スイミングに行く？」

これを続けると、3カ月後には「お父さん、スーパー行った！」と言うことができました。スーパーから帰ってきた夫に伝えると、夫は息子を力強く抱きしめ、碧もうれしそうでした。**成功体験が積み重なり、「自己肯定感」が高まっている**と確信しました。

現在は、「今日、プールに行った。楽しかった！」「昼、ごはん食べた。おいしかった！」など、感想を言ってくれることも増えてきました。

「自己肯定感」を高めると会話力がぐんぐん伸びる

碧は二次障害があったにもかかわらず、「自己肯定感」が高まり、会話力が伸びました。以前は不快な感情をことばにできず、その場で寝転んで癇癪《かんしゃく》を起こしていたのに、『発達科学コミュニケーション』を始めて1カ月後には、病院で「いや！」と自分の気持ちをことばにしました。人が怖くて目を合わせられなかったのに、自分から大きな声で「こんにちは！」と、同級生のお友だちにあいさつをしていて、本当に驚きました。

2カ月が経つと、「ありがとう」「うるさい」「なんか暑いな～」と、初めて聞くことばが次々と出てきて感動しました。

そしてついに3カ月後――。

私「何が見える～？」
碧「ねこ！」
私「何色のねこ～？」
碧「くろ！」

おうむ返しばかりで質問に答えられなかった碧と、初めてことばのキャッチボールができたのです！　私は、この日のことを一生忘れません。

その後も『発達科学コミュニケーション』の基本の会話パターンを実践し続けたことで、4年間悩み続けた自傷行為や癇癪《かんしゃく》が約3カ月でなくなり、現在は家族みんな笑顔で過ごせています。

お子さんの自己肯定感を育むためには、どうか「周りの目」を気にせず、お子さんを叱らないであげてください。その場でクルクル回ったり、いきなり水たまりにダイブしたり、一見何をしているのか理解できない行動やこだわりにも必ず理由があり、そこには「脳」の働きが大きく関係しているのです。

家の中で「汚いことしないで！」「言う通りにして！」とイライラした声かけをしてしまうのは、「外で同じことをされたら困る」「恥ずかしい」という親側の一方的な気持ちがあるからです。

でも大丈夫。**子どもの脳を成長させれば、こだわりや感覚過敏も、すんなり落ち着いていきます。**毎日を全力で生きているわが子のために、「脳」の働きに焦点を当てる育児にシフトしてみてください。驚くほど楽な育児に変わりますよ。

決断すれば〝必ず〟未来は変わる

私が『発達科学コミュニケーション』に出会ったのは、碧が小学校1年生のときですが、いまではもっと早い時期に出会いたかったと心から思います。もっと早く始めていたら、碧の人生も変わっていたと確信できるからです。

だからといって、子どもが小学校に上がってからでは遅いというわけではありません。脳は一生成長すると実証されています。「変わりたい！」と思った〝今日〟、すぐに動き出すことで明るい未来はやってきます。

私は現在、安定した警察官の職に復帰することをやめ、『発達科学コミュニケーション』のトレーナーとして発達の悩みを抱える親子を全力でサポートしています。**「自己肯定感を高めて自閉症児の会話力を伸ばす」**ことで、救える親子がいるからです。

「いつか」を待っていたら、あっという間に時は流れます。私たち親はいつ死ぬかわかりません。人生は1度きり。いつかお子さんに「あなたが母親で本当によかった」と思ってもらえるような悔いのない人生を生きてほしいのです。

私と碧のストーリーが、どん底育児をしている親御さんたちの希望となりますように。

一生話せないと諦めた小学生でも会話ができるようになった！

横田 聖子（発達科学コミュニケーション リサーチャー）

＼ジロウ君のプロフィール／

重度知的障害と重積のてんかんを持つ自閉スペクトラム症の小学3年生（９歳男子）
発語はなく、癇癪《かんしゃく》や問題行動でしか意思表示ができなかった

お悩み

・小学生でもことばが出ない
・問題行動が続き、
　学校から毎日のように電話がある

実践の成果

◎ことばが出るようになった
◎ことばやジェスチャーで
　意思表示ができるようになった

2023年1月
ジロウー
ジロウが8歳のころ 命に関わる 重積のけいれん発作を 起こしました

救急車を呼び すぐに酸素マスクを 着けましたが
酸素濃度は どんどん下がり 警報機が 鳴り響きました
ピー
ピー

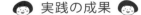

帰ってきて
ジロウ!!
ピーポー
ピーポー
ピーピー
ピーピー
パステル病院
大丈夫です
命の心配は
なくなりました
よかった…
ほっ
ただ…
ジロウ君は
てんかんです
えっ
ジロウには
重度知的障害と
自閉症があるのに
てんかんまで
つくの!?
それでも私は
前を向こう
と必死でした

ところが
てんかん発作から
回復したジロウは
別人のようでした
それ以前は…
おやつに
しようか
こく
こく
どっちにする?
プリンにする?
ゼリー
プリン
YES
パチ
パチ
プリンね!
ジャスチャーで
少しずつ意思表示が
できていたのに
てんかん発作を
起こした後は…
モノを投げつける
図鑑
つばを吐く
ぷっ
指で突く
イタッ!

癇癪《かんしゃく》や問題行動で意思表示をするように…
あーっー
理性を失い本能のままに暴れるようになりました
うーっうーっ
なんとか癇癪《かんしゃく》が起こらないように私はつねにジロウの機嫌をうかがいビクビクする毎日
小学校
どきっ
もしもし
学校からは毎日のように電話がかかってきました

ジロウ君のお母様ですか？
はい
ペこペこ
今日ジロウ君はタダシ君の目の下を指で突いてケガをさせてしまいました
え…
はい…
ええ
そうですか…申し訳ありません…
内容はいつもジロウが起こした問題行動の報告でした
今日は怒って投げたタイマーが山田先生のおでこに当たりたんこぶになりました
ゴンッ
申し訳ありません！
今日は図書館で新幹線の本を破いてしまいました
申し訳ありません！
今日は怒ってつばを吐きヒカリちゃんの服を汚してしまいました
申し訳ありません！

学校から電話をもらうと
すぐさまジロウの癇癪《かんしゃく》に
巻き込んでしまった方へ
謝罪を繰り返す毎日
ぺこぺこ
ご迷惑をおかけして本当に申し訳ありませんでした
申し訳ありませんでしたよく言ってきかせますので
心労で動悸がおさまらない日々が続く中
バクバク
バクバク
あの子はもう話すことさえできないんだろうな…
ジロウとの人間らしいコミュニケーションを諦めかけた私は
ガチャッ
カチャッ
一生家の中に閉じ込めておいたほうがいいのかも…
うろうろ…
そう考えるようになっていました

『発達科学コミュニケーション』が最後の希望だった

「これからどうすればいいのだろう……」

ジロウとの日々に疲れ果て、精神的にも追い詰められていた私は、ぼーっとしたままスマートフォンでネット検索を続けていました。

そのときです。「3年かかることばの発達を3カ月で実現します！」という『発達科学コミュニケーション』の1文が目に飛び込んできました。

そんなの嘘でしょ!?　できるはずがない。いままでどんなに評判のいい療育に通っても、療育グッズや療育本を買って試してみても、ジロウはひと言もことばが出なかったのに、たった3カ月でそれが可能だなんて……。もし本当にそんなことができるなら、これまで自分のしてきたことが否定されるようで、信じたくない気持ちもありました。

しかし、すでに癇癪《かんしゃく》まみれの息子との格闘に疲れ果てていた私は、最後の望みをかけて『発達科学コミュニケーション』の個別相談に申し込んでみることにしたのです。そこから私とジロウの新しい学びと実践が始まりました。

これまで「なんとなくこうすればいいんだろう」と漠然とした知識で療育をしていた私は、『発達科学コミュニケーション』の一つ一つのテクニックを学ぶ中で、脳の発達や取り組みの目的を理解し、具体的に実践できるようになっていきました。それまで、ビクビクしながらジロウと接していたのに、どんな場面でも「こうすればいいんだ！」と自信が持てるようになりました。そして、どんどん成長していく息子の変化を楽しみながら、育児ができるようになったのです。

ついに2語文を話した奇跡の日

『発達科学コミュニケーション』では、8種類の「褒め＝肯定的な声かけ」テクニックで子どもを成長させていきます。また、好ましくない行動には、叱る・しつける以外の方法で対応します。私は主に次の2つのテクニックを使いました。

1つは**「実況中継」**です。

「実況中継」は、**子どもの好ましい行動に注目し、子どものしていることをただ声に出して伝えることで、褒めるのと同様に、子どもの行動を認める**テクニックです。褒めるところなんて1つもない……と思っていたジロウでも、この方法ならいつでも、いくらでもできました。例えばこんな具合です。

服を着替えた　↓「服、着替えられたね！」
喃語《なんご》や声を発していた　↓「いいね、大きい声が出てるね！」
お風呂に入った　↓「お風呂、入ってるね、気持ちいいね！」
おかずをひと口食べた　↓「ご飯、食べてるね、おいしいね！」
笑顔で登校していた　↓「ニコニコだね！　ご機嫌で歩いてるね！」

他のお子さんにとっては、できて当たり前のことでも、とにかくジロウの行動に注目して実況中継を続けました。

もう1つは**「ディスタンシング」**です。

「ディスタンシング」とは、**子どもの困った行動をひたすらスルーし、静観する**ことです。問題行動を叱ったり、しつけたりするのをやめ、その行動を続けている間はスルーするようにしました。どんなふうにスルーしたかというと、次の通りです。

怒っておもちゃを投げたり、つばを吐くとき
↓息子に背中を向けて家事をしたり、スマホを見たりして、息子の行動を見ない
癇癪《かんしゃく》を起こし、ひっくり返って泣き叫んでいるとき
↓息子と目を合わさず、背中を向けて見て見ぬフリをする
泣き叫ぶ声がやまず、どうしても耐えられないとき
↓声が届きにくいトイレや別の部屋に行って、文字通り、息子と距離をとる

こうすることで、困った行動をしている間は人に自分の意思が伝えられず、代わりに**良い行動をしたときは自分に注目が集まり、人に意思が伝えられる**ことを理解します。するとジロウの癇癪《かんしゃく》がおさまり、私の実況中継に耳を傾けるようになったのです。そして、自分の意思を私の目を見てジェスチャーや指さしで伝えてくるようになりました。

これらのテクニックを使って、ジロウへの対応を変えてから4カ月ほど経ったある日のことです。私がキッチンで夕食の準備をしていると、息子が寄ってきて、「あったー、バナー（バナナ）」とバナナを指さして「ちょうだい」のジェスチャーをしたのです！

私は一瞬、何が起こったのかがわからず、「えっ!?」と言って固まってしまいました。するともう1度「バナー」と言ってバナナを指さし、「ちょうだい」のジェスチャーをしました。「バナナ欲しいの？」と聞くと、ジロウは「うん」と返事をしたのです！

生まれてから9年間、気まぐれに単語を発したことはあっても、ことばで意思を伝えたことなど1度もなかったジロウが、なんと2語文で自分の欲しいものを私に伝えてくれたのです！　それればかりか、私の問いかけに返事までしてくれました！

驚きと感動で、私は涙が止まりませんでした。

もう小学生だから……と諦める前に

ジロウが就学前に通っていた療育施設の言語聴覚士からは、小学生までに発語がなければ、しゃべるのは難しいと聞かされていました。ですからジロウが小学3年生になったときには、もう一生しゃべることはできないのだろうと諦めていました。

それどころか、当時の私はわが子の成長がうれしいとか、育児が楽しいとか思うことがほとんどなく、ジロウの体が大きくなるほど、育児から介護に近い状態になるのではないかと恐怖さえ覚え、これ以上大きくならないでほしいと願ったこともありました。

かつての私は、「褒める育児が良いと言われても、重度の障害を持つわが子に褒めるところなんてない、そんなの定型発達の子どもや軽度発達障害の子ども向けの育児だ」と思い込み、自分には無関係だと考えていました。人間性のかけらも見られないジロウの対応に追われ、その日その日をこなすことで精一杯でした。

そんな私たち親子が、『発達科学コミュニケーション』を学び実践することで、驚くべき変化と成長をとげました。**癇癪《かんしゃく》や問題行動でしか意思表示ができなかった息子が、落ち着きを取り戻し、ことばを理解し、諦めていたおしゃべりまでできた**のです！

わが子のことばだけでなく、人生そのものに絶望しかけていた私が、息子の将来に夢と希望を持てるようになりました。

もう小学生になってしまったから、一生しゃべれないんだろうな……と諦めかけているママやパパも、もう1度、お子さんへの正しい関わり方を学んでみませんか？

必要なのは、お子さんとの会話を絶対に諦めない強い気持ちと、毎日わが子にかけることばを変えることだけです。行動を起こすのに、遅すぎることなどありません。お子さんが小学生になっても、まだまだ成長していくことができます。親が関わり方を変えるだけで、お子さんはきっと良い方向に成長していきます！

脳に届ける声かけを続けたら素直な子に大変身した！

萬田 真由（発達科学コミュニケーション リサーチャー）

＼ こうせい君のプロフィール ／

自閉スペクトラム症グレーゾーンの園児（３歳男子）

発語が少なく、ジェスチャーで意思表示しても相手に伝わらないと大暴れしていた

お悩み

・ジェスチャー中心で気持ちが伝わらない
・「様子を見ましょう」と言われて不安
・発語や会話を諦めたくない

実践の成果

◎親子で笑顔のコミュニケーションがとれる
◎２語文が話せるようになった
◎機嫌良く会話に参加するようになった

教育職に就いている私は こうせいの発達について 早い段階から 違和感を抱いていました
何かあっても自分１人で抱え込まず助けを求めよう！
子育ての心配ごとは専門家に聞こう！
耳鼻咽喉
１歳８カ月健診のとき 臨床心理士の発達相談へ
保健センター
まだ指さしができなくて…
夜泣きも大変で…
様子を見ていきましょう

2歳4カ月のとき耳鼻咽喉科を受診
指さしやジェスチャーは出るのですが発語が少ないんです…
ねぇねぇ（姉）
ねんね
ママ
パパ
かんかん（消防車）
ぶっぶー（車）
こっこ（抱っこ）
7語だけで…
検査したところ聴覚器官の発達に問題はありません
言語聴覚士に相談すると
いまはことばをため込む時期のようです様子を見ていきましょう
そうですか…
私は1人で抱え込んでいないから大丈夫
夫や家族は理解があるし周りには助けてくれる専門家もいる
だからこれからも こうせいとうまく向き合っていける！
そう自分に言い聞かせていました

こうせいが3歳に
なったばかりのころ
今日も消防士ごっこで遊んでるの？
消防士大好きだもんね！
ママ！
伝えたいことがあるのね何かな？
こうせい消防士の出動かな？
予想できる答えを順々に挙げていきました
ところがなかなか求める答えが出てこないと
イヤ！
泣き叫びながら大暴れ

あぁ
また始まった…
あああぁあぁ
もう
ママやめたい！
大丈夫！
うまく
向き合える！
ずーん
大丈夫！
2つの気持ちの間で
毎日のように揺れ
動いていました
しかしついに
限界が訪れました
あぁあぁあ
ごろ
ごろ
はあ…
いつものように
伝えたいことが伝わらず
大暴れしているこうせいを
冷めた目で見ていると
むくっ
キッ
ママイヤ！
え？

ママが悪い！ママが全部悪い！
私が…悪いの…？
ママイヤ！ママイヤ！
ぽかぽか
ぽかぽか
もう…イヤ…
もうイヤ！
バッ
もう限界！
ママはもうあなたのママをやめる！

ママ
ハァ
ハァ
そんなこと言ったらダメだよ
大丈夫
大丈夫
…
ぶわっ
ママ…
発語がなくてもことばの意味をほぼ理解していたこうせいは
わぁぁぁぁ
たったったっ
泣き続けていました
ママ！ママ！
ママ！ママ！
あぁぁぁぁぁ
もうどうしたらよいのかわかりませんでした

「ことばは出ますよ」のひと言で未来が変わった

これからどうすればいいのか途方に暮れていた私は、わらにもすがる思いで今川ホルンさんの個別相談会に申し込みました。実は半年以上も前から私は『発達科学コミュニケーション』のことを知っていました。こうせいのことばの遅れが気になりはじめてから本やインターネットで情報を集める中で『発達科学コミュニケーション』を知り、創始者の吉野加容子さんをはじめ、何人かのトレーナーさんのメールマガジンに登録していたのです。

個別相談会の日、私は「息子に話せるようになってほしい」という思いを半ば諦めかけていたことや、教育者であるにもかかわらず、わが子を怒鳴りつけていたことは、恥ずかしくて話せませんでした。

今川さんは、私の悩みに対しては共感的に、そして息子の発達については「脳のここが弱いのかなぁ」とその都度分析しながら聞いてくれました。そして、ひと通り話が終わったところで、こう断言されたのです。

「萬田さん、こうせい君のことばは出ますよ。出ます！」

あまりにサラッと言われたことに、私は「あっ、そうなのですね」と呆然《ぼうぜん》と返答したことを覚えています。そして、こうせいのことばがなぜ遅れているのか、その原因の１つを教えてくれました。

「大泣き大暴れの癇癪《かんしゃく》を起こしているとき、ママのことばは子どもの脳に届きにくくなります。その結果〝会話の脳〟が発達しにくくなるのです」

さらに、どのようなステップで「会話の脳」が発達するのかを説明してくれました。当時の私には、なぜそのステップで話せるようになるのかを理解しきれませんでした。ただ、確実にわかったのは「今川さんには、おしゃべりをしているこうせいの姿が見えている」ということでした。そして、「やっぱりこうせいとの会話を諦めたくない！」と思いを新たに『発達科学コミュニケーション』に飛び込むことにしたのです。

こうせいの脳に私のことばが届いた！

まず私が目標としたのは、大泣き大暴れの癇癪《かんしゃく》をなんとかすることでした。そうすることで、私のことばが息子の脳に届きやすくなり、「会話の脳」の発達につながると考えたからです。

そこで、私が徹底的に意識したのは**「笑顔で、ゆっくり、優しい声で伝える」**ということでした。なぜなら、息子が大泣き大暴れを始めるきっかけが、息子の脳には「伝わりにくい言い方」だったと気づいたからです。

それまでの私は、自分がどのような表情や声色で息子と接しているのかを意識したことがありませんでした。しかし『発達科学コミュニケーション』で「ママのことばの伝わりやすさは〝言い方〟にもある」と学び、私の言い方がいかに「伝わりにくい言い方」だったのかを知りました。

以前の私は、「怒った顔さえしていなければ大丈夫」だと思っていました。しかし、**ママの「真顔」は子どもにとって「怒った顔」に見える**そうです。これまでこうせいはずっと「ママは怒っている」と警戒していたのかもしれません。

また、「こうせいはことばが遅れているから、その分、私がいっぱい話しかけないと！」と考え、たくさんのことばを使って説明したり言い聞かせたりしていました。こうせいの脳は、私の**「矢継ぎ早な」ことばの数々を処理しきれず、それが大泣き大暴れの原因の1つ**になっていたのかもしれない、と思いました。

こうせいと接するとき、私は優しい声で接してきたつもりです。しかし「真顔」で、しかも「矢継ぎ早に」ことばをかけていた私の声は、こうせいにどう聞こえていたでしょうか？　状況的に「怒ったような声」に聞こえていたとしても、おかしくありません。私は「笑顔で、ゆっくり、優しい声で伝える」どころか「真顔で、矢継ぎ早に、怒ったような声で」話しかけていたのです。

「こうせいの脳に私のことばが届いてほしい！」その一心で、私は「笑顔で、ゆっくり、優しい声で伝える」ということを徹底的に意識しはじめました。その初日のことです。こうせいの姉が大切にしているぬいぐるみを、こうせいが奪って逃げるという事件が起きました。

これまでの私なら、大きな声でこうせいを呼び止めた後、顔をしかめながら低い声で言い聞かせていました。その日もそうしてしまいそうな自分をグッと抑えて、笑顔で、ゆっくり、優しい声を意識して、「いま、話しかけてもいいかな？」と声をかけ、しばらく間をとってから、「ねぇねぇのことが大好きで、ねぇねぇの大切にしているものが気になったのかな」と話しかけました。

するると、これまでなら「ママ、イヤ！」と怒って手がつけられなくなっていたこうせいが、素直に「うん」とうなずいたのです。続けて、「ママはねぇねぇがとても悲しんでいるように見えるよ」と伝えると、それも素直に受けとめて、すんなりぬいぐるみを姉に返したのです。

衝撃でした。私のことばがすんなり息子に届いたのです。こんなにも早く変化が見られたら、もう続けない理由はありません。そして言い方を意識し続けること1週間、振り返ってみるとそこには、素直に私のことばに「うん」とうなずき、にこにこ笑顔の息子ばかりがいました。

1週間で2語文が出た！

さらに実践すること1週間。再びこうせいに大きな変化が訪れました。

それは息子と娘をこども園に迎えに行ったときのことです。こうせいはいつも私の顔を見ると、園で何をしたのかをジェスチャーと発声で必死に伝えようとしてくれました。以前の息子なら、伝わらないことに大泣きするか、どこかに走り出してしまうかのどちらかでした。それがいまや違うのです。

「何かママに伝えたいことがあるのね。伝えたい気持ちであふれているのね」と笑顔で、ゆっくり、優しい声で伝えると、「うん」とうなずき、笑顔で私に抱きついてきてくれるのです。

この日もそうしてもらえると思いきや、うれしい意味で期待を裏切られました。こうせいは私の顔を見た途端、「ねぇねぇ、あった！」とはっきりとした２語文で話してくれたのです！　そればかりか、いつもならそのまま走り出してしまう息子が、なんと、私と先生の会話にも参加してきました。

私　「今日、ねぇねぇに園で会えてうれしかったのね。教えてくれてありがとう」
こうせい「うん！」
娘　「そうそう、おやつの時間に会ったよ！」
こうせい「うん、ねぇねぇ、あった！」
先生　「そうなんです。それでね〜」

先生が話している間も、こうせいは自分なりに相づちを打ったり、発声したりしていました。伝えたいことが伝わらないと大泣き大暴れしていたあのこうせいが、当たり前のように穏やかな様子でみんなの会話に参加していることに、私は涙が出るほど感動しました。

ピンチのときこそ目の前に新しい道が開かれている

あれから1年が経とうとしています。この1年間で、こうせいは2語文、3語文、そして、ときにはそれ以上のことばも徐々に話せるようになり、明瞭に発音できることばも確実に増えました。最近ではお友だちにもことばで話しかけようとしています。大きな成長です。

しかし、決して良いことばかりではありませんでした。「もう、どうしたらいいの？」という大ピンチも何度となくありましたし、大泣き大暴れが再発したこともありました。激しい登園しぶりもありました。私自身も「あぁぁ！　やってしまった！」という大失敗をたくさんしました。

ただ、どんなときも、わが子を怒鳴りつけたあの日のような絶望と諦めの気持ちにはなりませんでした。代わりに、「このピンチは息子の〝会話の脳〟を成長させるチャンスだ！」「この失敗を必ず次に生かしてみせる！」と、気持ちを立て直せる自分がいました。

そう思えるようになったのは、「息子との会話を諦めたくない！」という強い思いと、

「そのためにいま、私は何をしたらいいの？」という問いに対する答えが私の中に明確にあるからだと思います。さらに、わが子の「会話の脳」を発達させようと真剣に向き合っている仲間と出会い、その仲間との交流を通して、日々勇気と学びをもらっていることも大きいです。

いま、もしあの日の私が目の前にいたら、こう声をかけたいです。

「あなたはよく頑張っていると思うよ。これまでも、本当によく頑張ってきたね。そして、私はこう思うの。『どうしたらいいのかわからない』というときこそ、きっと目の前には新しい道が開かれている。ピンチはチャンス。さぁ、どう進んでいこうか？一緒に考えてみよう」

これからもきっとピンチや失敗に直面することがたくさんあると思います。その都度、このことばを自分自身に投げかけながら、わが子の「会話の脳」と、そして私自身の「脳」も成長させ続けていきたいと思います！

公園遊びも家族旅行も困らない切り替え上手な子になった！

長瀬 楓（発達科学コミュニケーション トレーナー）

＼ うみちゃんのプロフィール ／

自閉スペクトラム症の園児（３歳女子）

こだわりが強く、ことばで思いを伝えられず癇癪《かんしゃく》を起こしていた

お悩み

・ことばで気持ちを伝えられない
・癇癪を起こしたときの対応がわからない
・自閉症の娘と出かけたくない

実践の成果

◎ことばで気持ちを伝えられようになった
◎癇癪を起こすことがほとんどなくなった
◎娘とのお出かけが楽しくなった

うみが３歳のときに家族３人で出かけたキャンプ旅行
すべり台行こう
キャンプ場の遊び場には多くの家族がいました
しかし…
うみ!?
ズン ズン
みんな並んでるんだから順番だよ！
いやや いやあ
だめだってば！
あー
自閉症と診断されているうみはすべり台に登る順番を守ることができませんでした

…
あ
んん
あーー！
ふる
ふる
ことばで自分の気持ちをうまく伝えられないうみは癇癪《かんしゃく》を起こしました
…
あー
あー
ひそ
ひそ
うみ
行こう！
いやー
いやや！
いやや！
並んだらすべれるんだよ
やー
いいかげんにして！
ずっと泣いているなら帰るからね！

その夜
CAM
ここのレストラン好きなテントでご飯が食べれるんだって！どこにする？
ここ！
その日はうみが選んだテントでご飯を食べました
おいしそうだよ！
翌朝
今朝はどこで食べる？
ん〜
ここ！

昨日と同じところ？
でも他の家族が使ってるから
空いているテントにしようね
いやや！
ぷる
ぷる
うみ！
とこ
とこ
ここ！
どうも
すみません…
うみ！
いやや！
あのテントは
他の家族が
使ってるから！
いやや！

いいから
こっちに来なさい！
いいかげんに
して！
レス
トイレ
バタバタ
いやや！
いやや！
どうして
そうなの！
うみが選んだ席は
他の人の席！
ダメだって
言ってるでしょ！

もうご飯食べなくていいよ！
ガミ
ガミ
数十分後
落ち着いてよかった…
ほっ
こんなはずじゃなかったのに…
帰路に着いた私は疲労困憊《こんぱい》
うみが一緒だとなんだか楽しめないな…
楽しいはずの家族旅行は苦い記憶ばかりが残る忘れられない思い出になってしまいました

褒めるだけでことばが出るようになるなんて

残念な家族旅行から2カ月ほど、発達支援に関する本を読んでは、いいと書いてある方法を実践してみたり、ネット検索で調べては、うみに試してみたりを繰り返していました。しかし、何1つ効果が現れず、ことばも伸びません。それどころか、うみの癇癪《かんしゃく》はどんどんひどくなっていきました。

どうすればいいのか途方に暮れていたある日、SNSを見ていると『発達科学コミュニケーション』の投稿が目に留まりました。そこには**「できていることを褒めるとことばの脳が発達する」**と書かれていました。

本当に褒めるだけでことばが出るの……？

私は半信半疑でしたが、まずはしばらく試してみることにしました。

いつもの私は、うみの「できていないところ」を指摘して、言ってもできない・やらない娘にイライラしては怒っていました。そんな私がすぐに「できていることを褒める」ことはなかなか難しく、試行錯誤を繰り返しながら意識を変えていきました。

タイミングよく年末年始期間に入り、うみと一緒にいる時間が長くとれるようになったので、これをチャンスとばかりに、娘の良い行動やできていることに注目しては、褒めることを続けました。

すると次第に、うみの「いやや」ということばが減り、以前より素直に私の言うことを聞くようになっていったのです。

また、うみは遊ぶときにあまり声を出さず黙々と遊んでいることが多かったのですが、ことばを話しながら遊ぶことが増えてきました。例えば、レジごっこをしているときに、「高い！」「いっぱい」と言っていたり、野菜をいつも聴いている歌に出てくる名前で「ちゃっちゃ（かぼちゃ）」「ぴっぴ（ピーマン）」と呼んだりするようになったのです。

そんなうみの様子を見て、夫も「なんか急にことばが出てきたな」と驚いていました。

私は子どもの困った行動をやめさせる方法は「怒ること」だと思い込んでいたので、「できていることを褒める」のは甘えなのではないかと考えていました。しかし、娘の変化を目の当たりにして、その考えが大きく変わりました。

これはもう、本気で始めるしかない！

私は『発達科学コミュニケーション』を本格的に学ぶことを決意し、講座に申し込んだ日のことをいまも忘れません。

癇癪《かんしゃく》を起こしているときには取り合わないのが正解！

講座を受ける中で、私は娘が癇癪《かんしゃく》を起こしたときの対応の仕方を学ぶことができました。うみは公園が大好きで、何時間でも遊んでいられます。大好きだからこそ、帰ろうと言うと「いやや！　だめ！」と全く言うことを聞かなくなり、寝転んで大泣きすることが当たり前となっていました。

そんな娘に対して一番効果的だったのは、私がしてほしくない行動をスルーして距離をとることでした。

はじめのころは周りの目を気にしてしまい、私がその場にいることに耐えきれず、暴れるうみを必死に抱きかかえて帰ってきたり、娘の癇癪《かんしゃく》に耐えられずイライラして叱ってしまうこともありました。しかし、それでは一向に改善できません。**私も腹をくくり、娘がしてほしくない行動をとったときには、見て見ぬフリをしてその場から離れ、娘の行動には取り合わないことを徹底しました。**

「あっ、この状態ではまた癇癪《かんしゃく》を起こしそう」という空気になったら、うみと視線を合わせず、ゆっくりその場から少し離れるようにしました。うみに私が見ていないことに気づいてもらえるよう、空を眺めたり、他の子が遊んでいるのを眺めたりしました。私自身もその時間をとることで、イライラする気持ちを静めていました。

するとうみは、自分が寝転んで大泣きしている姿を私が見ていないことに気づいたのか、しばらくすると自分から私のところに泣きながら寄ってきてくれるようになりました。**そこで私はうみをぎゅっと抱きしめ、「もっと遊んでいたかったね」「自分で切り替えられたね」と褒めました。**そして「帰ろっか！」と声をかけると、うみは素直にうなずいて、笑顔で帰れることが増えていったのです。

このような対応をしていると、私たち親子をチラチラ見ているママたちもいました。しかし、「うちはうちのやり方！」と割り切ったら気にならなくなりました。

うみは公園が大好きな分、遊びたい気持ちが強いのでなかなか切り替えるのには時間がかかりましたが、癇癪《かんしゃく》を起こすことはぐんと減り、「もっといっぱい、いいの！」「あと5(分)、10(分)」とまだ遊んでいたい気持ちをことばで伝えられるようになりました。ことばでやりとりができるようになったおかげで私自身のイライラも減り、気持ちが楽になりました。

うちの場合は、私が「帰ろう」と言っても娘が「5(分)いい」「いっぱいいいの!」とおねだりしたときは、5分の延長を2回まで許してあげるようにしています。そうすると「いいよー」と言って素直に帰ってくれるようになりました。「帰ろう!」と声をかけ、初めて素直に「はーい」と返事をしてくれたときには、感動のあまり強くぎゅーっと抱きしめて娘に嫌がられてしまったのを覚えています。


あの苦痛だった旅行から1年が経ったいまの娘は、ことばで気持ちを伝えられるようになり、公園に行ったときもしっかり並んで順番を待つことができ、他のお友だちがいてもルールを守り楽しく遊べるようになりました。そんな娘のおかげで私やパパも怒ることなく旅行やお出かけを楽しめるようになりました。

もし癇癪《かんしゃく》を起こすようなことがあっても、いまの私には〝娘の対処法〟というお守りがあるので安心です。今年の夏も家族で別のキャンプ場に遊びに行きました。娘は一切癇癪《かんしゃく》を起こさず、私もパパも思い切り楽しめたので、終始家族みんなが笑顔で過ごすことができ、リベンジを果たすことができました。娘も「もう1回、キャンプ行く!」と言うくらいキャンプが好きになりました。

毎日頑張っている自分自身を褒めて

自閉症児の子育てで毎日忙しいあなたのことを、誰か褒めてくれる人はいますか？私は誰にも褒めてもらえないので、自分で自分を褒めています。どんなに小さなことでも、「今日は掃除機をかけた！」「夜ごはんを作った！」など、ふだん当たり前にしていることでも、自分を褒めることで自分の機嫌をとっています。そうすることで、たとえ娘が癇癪《かんしゃく》を起こしても、すぐにイライラせず、上手に対応できる心の余裕が生まれました。

ママやパパがお子さんにいつも笑顔でいてもらいたいと願うように、子どもだってママやパパにいつも笑顔でいてほしいと思っています。お互いが笑顔でいられるために、まずはママやパパが自分を褒めることから始めてみませんか？

「自閉症の子の育児で毎日ヘトヘトだけど、今日も頑張った！」そんな自分の頑張りをねぎらい褒め続けた積み重ねが、親の自信につながっていきます。そして、ママやパパに自信が生まれると、自閉症児を成長させる大きなパワーになります。わが子の成長のためにも、ママやパパは毎日頑張っている自分に花丸をつけてほしいと思います。

説明できることばの力を育てたら登園しぶりも解消した！

東原 あや（発達科学コミュニケーション トレーナー）

＼ 陸《りく》君のプロフィール ／

知的障害をともなう自閉スペクトラム症の園児（6歳男子）
癇癪《かんしゃく》がひどく、自分の気持ちをことばで伝えられなかった

お悩み

・癇癪がひどい
・要求することばしか話さない
・イライラ育児をやめたい

実践の成果

◎癇癪が激減した
◎気持ちをことばで伝えられるようになった
◎イライラ育児から卒業できた

不妊治療で授かった 1人息子の陸は
甘えん坊で いつも私にべったり
ことばはゆっくりで 泣き虫ではあったけれど 体の成長は誰よりも早く
見て見て！ もう寝がえりしたよ！
もうハイハイ⁉
上手！ 上手！
すごい すごい！
もうたっちができたね！
ふらふら
あんよが上手！
1歳になる前に 歩けるようになりました

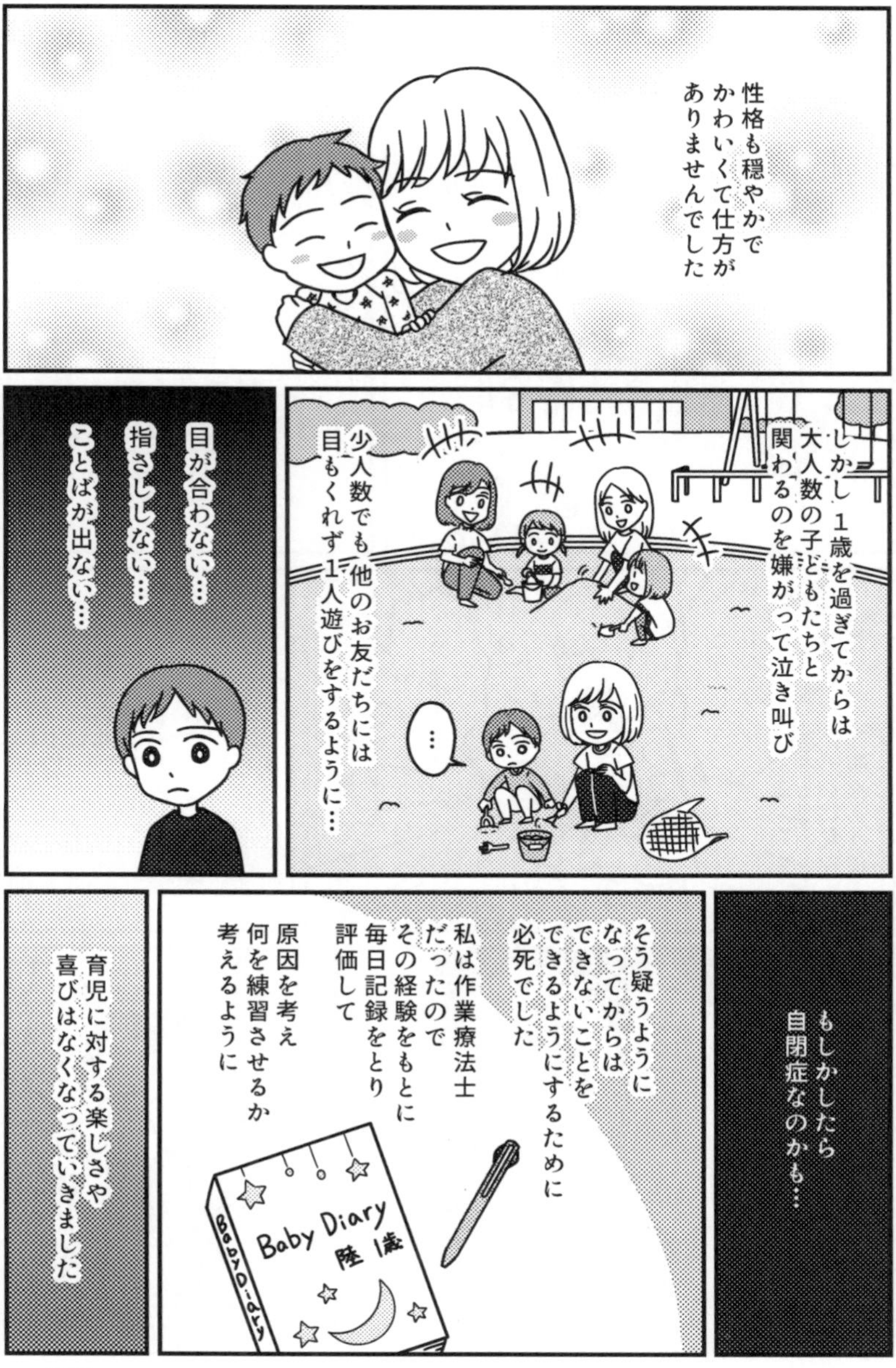
性格も穏やかで
かわいくて仕方が
ありませんでした
しかし１歳を過ぎてからは
大人数の子どもたちと
関わるのを嫌がって泣き叫び
少人数でも他のお友だちには
目もくれず１人遊びをするように…
…
目が合わない…
指さししない…
ことばが出ない…
もしかしたら
自閉症なのかも…
そう疑うように
なってからは
できないことを
できるようにするために
必死でした
私は作業療法士
だったので
その経験をもとに
毎日記録をとり
評価して
原因を考え
何を練習させるか
考えるように
Baby Diary
陸 1歳
BabyDiary
育児に対する楽しさや
喜びはなくなっていきました

3歳で知的障害を
ともなう
自閉症と診断
幼稚園に
入園すると
徐々に周りの
子どもたちとの
違いがはっきり
してきました
陸自身もそれを
感じているのか
癇癪《かんしゃく》やパニックを
頻繁に起こすように
んーっ
何度言ったらわかるの！
私も怒り
狂ったように
陸にイライラを
ぶつけていました
そして 年長の夏
うー
ドンドン
どうして
叩くの！
ついに私を
叩くように…
あーー！
ガンッ
おもちゃは
投げない！
んーー
人は叩かない！
叩かないように
何度も注意しましたが
おさまるどころか
エスカレート

そんなある日
家で癇癪《かんしゃく》を起こした陸が
テレビのリモコンを
私の顔めがけて
投げつけたのです
イタッ！
キーン
キッ
ドン
いいかげんにして！
…
あ゛ーーー！
バンッ
もうあんたなんか
知らない！
陸 大丈夫か？
でもリモコンを
投げるのは
良くない
うっ
うっ
うー

こんな生活を望んでいたわけじゃない…
ありふれた毎日が過ごせればよかったのに…
生まれてきてくれてありがとう♡
歳の誕生日
1st Happy Birthday
もう私の人生はおしまい…
子どもなんて産むんじゃなかった…
もうママなんてやめて消えてしまいたい…
どんなに必死で頑張っても陸は他の子どもたちに追いつけない
私は次第に陸の発達を諦めるようになりました
スタスタ

もう誰とも会いたくない
療育センター
大丈夫？
はい！大丈夫です！
ありがとうございました！
大丈夫？
うん大丈夫！
こども園
大丈夫…
1人で背負い込めるはずのない現実に私は押し潰されそうでした
なわけないじゃん
ボソッ

息子ではなく私自身が変わると決めた！

子育てに行き詰まっていた私を救ってくれたママが2人います。1人は『発達科学コミュニケーション』を指導してくれた今川ホルンさん。もう1人は保育所等訪問支援の先生です。どちらも自閉症の子を持つ母親で、全てを1人で背負い込んでいる私の気持ちを「大変だったよね」と理解し、共感してくれました。

息子の良いところを拾っては、「陸君は本当にかわいいよ」「陸君はちゃんとわかってるよ」と褒めてくれるのも、ありがたいことでした。家族ではなくても自閉症の陸をかわいいと思ってくれる人がいる——そう思うだけで、本当にうれしく思いました。

幼稚園の先生からは「今日はこんなことでパニックを起こし、困りました」と言われ続ける毎日だったので、私はどうしたら周りに迷惑をかけずに済むのか思い悩むばかりで、陸の良いところに目を向けることができずにいました。陸にだって良いところがあり、得意なこともたくさんあるのに、私がどんどん追い詰めて陸から自信を奪っていったのです。

変わらないといけないのは私のほうだ——、ということにやっと気づきました。

息子に選択できる人生を手渡したい

「自閉症児の子育てがつらかったママが、自分のやりたいことに夢中になるほど、自閉症の子の脳も育つ、会話が弾む、そんな毎日を叶えたい！」

今川ホルンさんと出会ったときに話してくださったことばが、私の背中を押してくれました。私も陸の脳を伸ばしながら、自分のやりたいことにも夢中になれる、そんな母親になりたい、と思いました。

私はいままでたくさんのことを諦めてきました。旅行も、外食も、イベントへの参加も、自閉症の子の母親だからと、やりたいことは全部諦めてきました。けれどこれ以上、私自身の人生までも諦めてしまうのは嫌です。

「自閉症児の母親だからこそ叶えられる最高の人生を叶えてやるんだ！」そう思いました。そして陸にも、自閉症だからと諦めず、自分のやりたいことを自分で見つけ、進んでほしいと思いました。

私が陸の人生に選択肢をたくさん増やすんだ！

陸がやりたいと思ったことを実現できる環境を私がつくるんだ！

私はそう心に決め、『発達科学コミュニケーション』の講座を受けるとともに、トレーナーになるための挑戦を始めたのです。

私が徹底した2つの取り組み

『発達科学コミュニケーション』を学びはじめたのは、陸が年長の夏でした。このころの陸が話したのは、「ブロック、さがして」「パン、ちょうだい」など、要求のことばだけ。2語文あるいは3語文で話すのがほとんどでした。

私から何か質問をしても無視をするか、あるいはおうむ返し。「こっち？　それともこっち？」と選択肢をあげれば、なんとか答えてくれるような状態で、会話がほとんど成り立っていなかったのです。ことばでうまく気持ちが伝えられない陸は、毎日のように癇癪《かんしゃく》を起こしていました。

まずはおしゃべりが上達するために、ひどい癇癪《かんしゃく》をどうにかしないといけませんでした。なぜなら、癇癪《かんしゃく》を起こしているときは、ことばの脳が働きづらいからです。

そこで私は最初に、陸が癇癪《かんしゃく》を起こしたら**「ディスタンシング」**のテクニックを使って「スルー&褒め」を心がけるよう取り組みました。**癇癪《かんしゃく》が始まったらすぐに見て見ぬ**

フリをしてその場をスルーし、癇癪《かんしゃく》が落ち着いたら必ずすぐに褒めるという方法です。

はじめのうちはうまくいかず、癇癪《かんしゃく》がかえってひどくなったと感じたこともありました。陸に叩かれながら、全く取り合わずにご飯を食べ続けたこともあります。叩かれながら、家事をしたこともあります。しかし、「絶対に癇癪《かんしゃく》を落ち着かせる」「私が息子のことばを伸ばすんだ！」と覚悟を決め、やり通しました。

そして1週間が経ったころ、陸のひどい癇癪《かんしゃく》は落ち着きました。叩くなどの他害行為はなくなり、気に入らないことがあっても落ち着いてことばで伝えてくれるようになったのです。

2つ目の取り組みは、癇癪《かんしゃく》を起こしていないときの対応です。このときの対応こそが癇癪《かんしゃく》を根本的に落ち着かせ、ことばを伸ばすために不可欠です。**肯定的な声かけを徹底し、特に笑顔と肯定的なジェスチャーを意識**しました。
癇癪《かんしゃく》持ちの陸は不安がとても強いタイプでした。自信がなく、何事も「ママやって」と人任せにします。そんな陸は視覚からの情報入力が得意です。だから、私が笑顔でいるだけで息子はとても安心するのです。ママが笑顔なら大丈夫かな……と不安が軽減されます。よく自閉症の子は表情を読み取るのが苦手と言われますが、私はそんなことは

ないと思っています。私が笑顔でいる時間を増やすと、それだけ陸の表情も和らいでいきました。

また、褒めるときには笑顔に加えて、ハイタッチをしたり、ぎゅーっと抱きしめたり、「OK」サインを出したり、「グッジョブ」のジェスチャーを付けたりして、視覚的に気持ちが伝わるようにしました。大げさなくらいでちょうどよく、ことばだけでは反応の薄かった陸もうれしそうな表情をしたり、ジェスチャーで返してくれたりすることが増えていきました。

癇癪《かんしゃく》だらけだった子が自分の気持ちをことばにできた！

この2つの取り組みを始めて、陸の癇癪《かんしゃく》は1週間で落ち着き、ことばがあふれ出てきました。1カ月後には、「ママ見て、ブロック作ったの！　これは足で、これは手で……」と説明してくれました。テレビを見ていた陸が「ママこっち来て！」と私を誘い「面白いでしょ！」と言ったときには、楽しい気持ちを私と共有したいと思ってくれたんだ、とうれしくなりました。やがて一方的だったことばが会話となり、「今日は幼稚園で何したの？」と聞くと「ブランコして遊んだの！」と答えてくれるまでになったのです。

また、『発達科学コミュニケーション』を実践しはじめた当初、陸は幼稚園を行きしぶっていたのですが、説明が上手になったことである日、「（運動会の練習の）ダンスが難しいんだよ。やりたくないんだよ」と教えてくれました。陸はもともとダンスや踊りが大好きだったので、陸が話してくれるまで、幼稚園の先生も私もそこに原因があったとは思いもしませんでした。

この日をきっかけに、陸は自分の気持ちを私に話してくれることが増え、それを先生にも伝えていくことで徐々に登園しぶりが落ち着いていきました。

ママやパパがわが子の一番の専門家

叱ってはいけないことくらいわかってる、決して叱りたいわけじゃない――。

そんなママやパパも多いと思います。周りの目が気になったり、人の迷惑になる、将来この子が困ると考えては、どうしても叱らずにはいられないのもよくわかります。思い通りにいかず、イライラが抑えられないことだってあるかもしれません。私もそうでした。

しかし自閉症の子だって、どうしたらいいのかわからず、ことばで伝えることもできずにSOSを出しています。いつも一緒にいてくれる大好きなママやパパに助けてほしいんです。

親がわが子の発達の専門家になることはできます。むしろ、自閉症の子にとって、一番の理解者は専門家ではなくママやパパなのです。わが子のために親ができることは、わが子を理解しようとすること、**できていないことはスルーして、できていること、得意なこと、好きなことに注目してあげる**ことです。

すると不思議とイライラが少なくなっていきます。教え込まなくても、指示をしなくても、いつもママやパパの肯定的な声かけと注目をもらえるだけで、子どもは自分で動き出します。大好きなママやパパに伝えたい気持ちが育ち、ことばがどんどん増えていきます。

かつて今川ホルンさんが話してくれたように、私も「自閉症児の子育てがつらかったママが、自分のやりたいことに夢中になるほど、自閉症の子の脳も育つ、会話が弾む」そんな親子になれるよう、これからも陸と一緒に成長していきたいと思います。

第5章

自閉症児の会話力が伸びる7つのテクニック

子どもの脳を発達させる7つのテクニック

第4章でご紹介した7つのお悩み解決ストーリーでは、実際に『発達科学コミュニケーション』ならではのさまざまな声かけテクニックを活用して、自閉症のお子さんの困りごとを解決していました。いずれのケースも、自閉症児のことばを増やすためには、子どもを認める肯定的な関わりの中で脳の発達を促す声かけをするのが重要だと、おわかりいただけたと思います。

第5章では、これらのテクニックをすぐにでもおうち療育の実践に役立てていただけるよう、より具体的に解説していきます。

ただし、「7つのテクニックを全部やらなければ！」と躍起にならなくても大丈夫です。全部を1度にやろうとするとかえって身につかず、子どもの変化が感じられなければ親のモチベーションも下がってしまいます。

まずは1つマスターするつもりで取りかかってください。「今週はこのテクニックを使ってみよう」でもいいですし、「今月はこのテクニックをマスターできるように取り組んでみよう」でもいいと思います。親が習慣化して続けることを意識しましょう。

そして、もう1つ！

癇癪《かんしゃく》や奇声などの困りごとがあるお子さんは、**まずその困りごとをいち早くなくすことがことばの発達には欠かせません。**困りごとを減らすには、脳にストレスを与えないことが大事です。「脳のストレスゼロ期間」をつくるためにも、テクニックを付け足そうとするよりも、肯定的な声かけを増やしていきましょう。

【テクニック1】98ページ　愛ちゃんの事例から
子どものペースに合わせる『ペーシング』

子どもと会話のスピードを合わせよう

愛ちゃんママのように、『発達科学コミュニケーション』で学んだことを素直に実践できると、成果が現れるのも早いです。学んだことを受け取ろうとしない、やらない、もしくは自己流になってしまうと、なかなか思ったような成果が出ません。

試しに、愛ちゃんのママが実践した**「笑顔」「ゆっくり」「穏やか」を意識する声かけ**を、皆さんも実際にやってみてください。多くの方は、2つ目に挙げた「ゆっくり話して子どもの反応を待つ」ことが意外と難しく感じられるのではないでしょうか？

会話力が発達している大人は会話のペースが速いため、会話のペースが遅い子どもに対して、どうしても矢継ぎ早に話してしまいがちです。しかしそうすることで、ゆっくり考えながら話す子どものことばを、さえぎったり封じたりしているかもしれません。

子どものことばを伸ばしたければ、まず大人が矢継ぎ早に話すことをやめ、子どもが話しやすい環境を整える必要があるでしょう。

矢継ぎ早に話さないテクニックとして、「ペーシング」があります。

「ペーシング」とは、**会話のスピードや子どもの呼吸にペースを合わせる**ことで、自閉症児のことばを引き出すうえで基本となるテクニックです。「ペーシング」で親子の一体感が生まれると、自閉症児のコミュニケーション意欲が増し、ことばを話すための脳が動き出しておのずと会話力がアップしていきます。

「ペーシング」は、次の2ステップでおこないます。

ステップ①　矢継ぎ早に話すのをやめて子どもを観察する

ステップ②　子どもの話すスピード、テンポ、声のトーン、大きさに合わせて話す

ことばがまだ出ていないお子さんは、呼吸のペースに合わせるとよいでしょう。まず、子どもの呼吸をよく観察してください。それに合わせて、ママやパパも同じリズムで呼吸を合わせます。

もし、子どもが寝そべってだらだらしていたら、呼吸を合わせながら一緒にだらだらしましょう。大切なのは「一体感」です。**一体感を持つことで親子の愛着関係が深まると、ことばは伸びやすくなります。**無理に何かを言わせようとしなくても大丈夫です。

私の経験では、５分ほどでペースが合ってきたなと感じることもあれば、娘とゴロゴロしながら30分くらいかかったこともあります。

黙り込んでいる時間はことばを出そうと脳で処理している

「今日、給食に何を食べたの？」

小学生のお子さんにそう聞いたとします。子どもが質問に答えるまでの間、子どもの脳ではどのようなことがおこなわれているか、考えてみましょう。

このとき子どもの右脳では、給食のイメージが浮かびます。そのイメージをことばに変換するのは左脳の仕事です。少し大げさに聞こえるかもしれませんが、お子さんの左脳はこんなことを考えています。

「今日という日は9月10日で、給食は学校で食べる昼ごはんのことだから、お母さんはぼくに何を食べたか聞いているんだな。今日食べたのは白いご飯の上に黄色いものがかかったカレーという食べ物だったな」と、ここまで考えてからようやく「カレー」と答えるわけです。

脳が発達していくと、これだけの情報量を一瞬に理解して答えることができます。しかし、自閉症の子どもたちの情報処理はとてもゆっくりですから、質問の意味を理解し、それをことばにして話すまでには、私たちが想像する以上の労力を必要とします。

自閉症の子が黙り込んでいる時間は、彼らがいまことばを出そうと脳で情報を処理している時間です。そんな状況であるのも構わず、ママが矢継ぎ早にことばを浴びせかけたら、子どもはどうなるでしょう。「あーもう、いま考えているんだから、少し静かにして待ってて!」とイライラして、ますます考えがまとまらなくなってしまうのではないでしょうか。

子どもの会話や呼吸にペースを合わせ、矢継ぎ早に話さないことが、ことばの発達にいかに大事かおわかりいただけたと思います。

「子どもと会話のキャッチボールを早くできるようにしたい！」と願うママやパパは大勢いらっしゃいます。しかし同時に、ことばのボールを次々と一方的に投げ続けるという誤った対応をしている方もたくさんいらっしゃいます。

ぜひ、愛ちゃんの事例を参考に、ことばのボールを一方的に投げていないか意識して声かけを実践してください。

【テクニック2】112ページ 咲人《さきと》君の事例から

子どもが興味あるものに注目する『ジョイントアテンション』

「ジョイントアテンション」が育ちにくい自閉症児

「ジョイントアテンション」とは、**自分が人と同じものに注意を向けて見る**ことで、「共同注視」と言われることもあります。ことばが出るようになるために必要なステップです。

咲人君のママは、「この子は何を見ているのだろう？」と興味を示しながら、咲人君の視線の先にあるものについて声をかけていました。

さて、下の親子のイラストをご覧ください。皆さんは、ママがなんと言っていると思いますか?

はい、そうですね。「てんとう虫がいるね」とか、「てんとう虫がとまったね」などと話しているように見えますよね。このときの子どもの目線はどうでしょう。ママと同じように指にとまったテントウムシを見ています。つまり、この子はママと同じものに注意を向けて見ている、つまり「ジョイントアテンション」ができているのです。

すると子どもは、この赤くて点々のある虫が「テントウムシ」という名前なんだと理解し、ことばを覚えます。**「ジョイントアテンション」が語彙《ごい》を増やしたり、気持ちを伝える発語の土台になる**のです。

しかし、自閉症児には「ジョイントアテンション」が育ちづらいと言われています。どんなにママが話しかけても、その特性ゆえに興味を示さない、見てもくれないということがよくあります。

では、どうするか？　咲人君のママが何をしたのかを振り返ってみましょう。

興味がないものは見てくれない

咲人君のママは当初、「見て見てー！」と咲人君の注意を促して、一生懸命ことばを教えこもうとしていました。ときにはよそ見している咲人君の顔をグイッと自分に向けさせたこともあったようです。

療育施設でも先生がよく「絵本が始まるよ。見てー！」と声かけをしますが、これは子どもたちの「ジョイントアテンション」を育てているのです。

しかし、咲人君はうまく視線が合わず、なかなかうまくいきません。どんな子だって、自分が興味のないものは見ようとしませんよね。それならば、ママの示すものに子どもの視線を向けさせるよりも、子どもが興味のあるものにママが視線を合わせたほうが、早くありませんか？

そこで咲人君のママは、「子どもが本当に気になっているものに興味関心を示して声をかける」ようにしたのです。

まずは子どもを観察することから始めよう

咲人君のママは、自分から「見て！」と言いたいところを必死にこらえ、咲人君がいま何を見ているかを注意して観察するようにしました。そして、咲人君の視線の先にあるものを「車だね」「こびとだね」「葉っぱだね」というように声をかけていきました。するとと2カ月後、咲人君のほうから「ママ、見て〜！」と共感を求めることばが聞かれるようになったのです。

「ジョイントアテンション」は簡単なようで、実は難しいテクニックです。子どもをじっくり観察しないまま、結局はママが我慢できずにあれこれ話しかけてしまうからです。しかし、ことばの土台を育むために「ジョイントアテンション」は不可欠です。

わが子の興味はなんだろう？

宝物探しのつもりで観察してくださいね。

【テクニック3】124ページ　碧《あお》君の事例から

子どもの発達ステージに合わせる『1UP《ワンアップ》ルール』

脳のストレスゼロ期間をつくったほうがいいケース ～奇声・自傷行為～

碧君のママのように、自閉症児を抱える親御さんの中には壮絶な子育てをされている方がたくさんいらっしゃいます。「1UPルール」に限らず、**奇声や自傷行為が目立っている場合は、まずそうした問題行動を落ち着かせてから、ことばに取りかかる**必要があります。なぜなら、心が不安定な状態では、ことばの脳が育ちにくいからです。第3章でご紹介した『発達科学コミュニケーション』の基本の声かけを、まずは3カ月実践してみてください。

最初の1カ月くらいは、ステップ1の「肯定的な声かけ」だけマスターできれば結構です。急いでステップ2に進もうとする必要はありません。この1カ月は、脳のストレスを取り除く期間です。

癇癪《かんしゃく》を起こして自傷行為に走るお子さんは、この後211ページで解説する「ディスタンシング」をおこないますが、もし血が出るくらい傷つけるようでしたら、けがをしないようにだけ気をつけながら、気づかないフリをしておさまるのを待ちましょう。

奇声や自傷行為が減ってきたと感じたら、ステップ2の「指示&提案」の声かけも交えながら、つねに『発達科学コミュニケーション』の会話パターンを意識して接します。3カ月もすれば、奇声や自傷行為はだいぶ落ち着くはずです。

奇声や自傷行為が落ち着き、『発達科学コミュニケーション』に慣れてきたら、碧君のママが実践した「1UPルール」にトライしてみましょう。

子どもの言語発達の段階を理解しよう

では、「1UPルール」の進め方について、詳しく解説していきましょう。

一般的に、子どものことばは「喃語《なんご》」→「1語文」→「2語文」→「3語文」と、段階を踏んで発達していきます。「1UPルール」は、まず現在お子さんがどの段階にあるか、確認することから始めます。

左ページのチェック表を参考に、お子さんが1度に話す単語の数を把握しましょう。

単語の数がわかったら、あとはシンプル。その**単語の数にもう1語プラスして話しかけるだけ**です。

単語がまだ出ていないお子さんには、「わんわん」「ボール」など、1つの単語で話しかけます。

子どもの言語発達の段階チェック表

言語発達の段階	出ていることば（例）
ひと言も単語が出ていない	喃語《なんご》や宇宙語
1つの単語で話す	ミルク わんわん　など
2つの単語で話す	バスきた ママおいで　など
3つの単語で話す	パパこうえん行った あかブーブーない　など

現在の発語数プラス1で話しかけよう

碧君の事例では、当時、1語文の単語が出ていたので、2語文で話しかけてもらいました。碧君が「わんわん」と言ったら、「わんわん、いたねー！」とママが2つの単語を使って2語文で話しかける、といった具合です。

同じように、「バス、きた」と2つの単語で話すお子さんには、「きいろい、バス、きたねー！」と3つ単語を使った3語文で返しましょう。3語文で話すお子さんが「あか、ブーブ、ない！」と話したら、「あか、ブーブ、ない。困ったね！」とさらに1語プラスして、4語文で返します。

このように、子どもがいま話せることばの次の発達段階で話しかけるのです。

もし4語文以上で話しはじめたら、もう「1UPルール」を使わなくてもいいサインです。5語文、6語文……と頭で考えすぎるあまり、大人のほうが会話に詰まってしまうからです。ここまできたら『発達科学コミュニケーション』の会話パターンを続けながら、自然な親子の会話を楽しみましょう。

【テクニック4】138ページ ジロウ君の事例から

いま子どもがしていることに注目する『実況中継』

褒めるだけが肯定的な注目ではない

ジロウ君のママのように、「褒めましょう」と言われても一体どこをどう褒めればいいのかわからず、戸惑う方は多いはずです。知的障害のある自閉症の子は日常の生活動作が周りよりもゆっくりなので、ママやパパもわが子の「できない」ことに注目してしまいがちだからです。

しかし、「褒めるだけが肯定的な声かけではない」ということを、ぜひ知っておいてください。ママやパパが褒めることしか知らないと、子どもが何かできたときにしか肯定的な声かけをしなくなってしまうからです。

子どもはいつも褒められるようなことばかりしているとは限りません。自閉症児ならなおさらです。つねに周りと比較され、褒められる機会が想像以上に少ないものです。ママやパパは意識して肯定的な声かけを増やす必要があります。

では、「褒める」以外にどんな声かけをすればよいのでしょうか？

そこで使ってほしいのが「実況中継」です。**子どもが〝いま〟していることに注目して**、見たままを実況中継するだけで、**子どものしていることを認めて寄り添う肯定的な声かけ**になるからです。

自分は褒めるのが苦手という方でも、抵抗感なく使えるテクニックです。

見たままをことばにするだけで親子が救われる

「実況中継」は、いま目の前で子どもがしていることに注目して、見たままをことばにすればいいだけです。「食べているね！」「座っているね！」など、明るく笑顔で実況中継してください。慣れてきたら、ジロウ君ママのように「実況中継」に「褒めことば」を付け加えていきましょう。「いいね、大きい声が出ているね！」「着替えられたね、かっこいいね！」といった具合です。

どう褒めていいかわからず悩んでいた親が「実況中継」をするだけで、子どもはママやパパが自分のしていることに注目し、認めてくれていると感じられます。すると親子の関係性が変わり「子どもが私を見てくれるようになった！」「私のそばにすり寄ってくるようになった！」と、効果を実感する方がこれまでもたくさんいらっしゃいました。ぜひ、いますぐにでも使ってみてくださいね。

最初はあまり反応が感じられなくても大丈夫です。「いまは子どもの脳が処理しているんだ」と捉え、**反応のあるなしに一喜一憂しないで笑顔で実況中継を続けましょう。**

きっと1カ月もしないうちに、「あれ？　何か言ってるぞ」と言わんばかりの表情で不思議そうにママやパパの顔を見る様子が現れてくるはずです。そうしたら、またにっこりと笑顔をお子さんに向けてくださいね。

番外編　褒めると怒る子にも「実況中継」を

「褒めると怒ってしまう子には、どうすればいいの？」という悩みをお持ちの方はいませんか？　確かに、褒めことばを素直に受け入れられず、怒ってしまうお子さんは一定数います。「上手だね」と言われても「上手じゃないもん」とすぐに否定する子もいるでしょう。それは、褒められることに慣れていなかったり、褒めことばを嫌みと捉えてしまったりして、怒っているのです。

褒められるのが嫌いなお子さんを無理に褒める必要はありません。最初は「実況中継」のテクニックを使って、肯定的な声かけを増やしていきましょう。次第に素直さが増し、自然と褒めことばを受け入れられるようになっていきます。

【テクニック５】150ページ　こうせい君の事例から

自閉症児の行動を引き出す『3S《スリーエス》』

子どもへの伝わりやすさは声かけの仕方にあり

子どもが全然動いてくれない。何度言っても聞かない。すぐ怒ってしまう――。

これらのお悩みは、自閉症児の脳の特性に加え、大人の声かけの仕方にも問題があるケースがほとんどです。

指示や提案の声かけでも、子どもにとってわかりやすい言い方とわかりにくい言い方があります。子どものことばが遅いと親はつい矢継ぎ早な声かけになってしまい、こうせい君のように泣いて大暴れとなります。こうなると、ますますことばが子どもの脳に入りづらくなってしまいます。

声かけが伝わらない、受けとめられないジレンマで、親子のストレスがどんどん高まると、否定的なやりとりが増え、その結果、ことばの脳も伸ばしにくくなるという負のループに陥ってしまいます。

こうせい君のママが「ママをやめたい」とまで思い詰めていたことを知ると本当に胸が痛みますが、「息子との会話を諦めたくない!」という一心で自分の声かけを一変させたことは、親子の人生を変えるほど大きな前進だったと思います。

皆さんもわが子のことばを伸ばせるよう、こうせい君のママのように提案上手になりましょう。

「スマイル・スロー・スウィート」で子どもがスイスイ動き出す!

こうせい君のママが実践した**「笑顔で、ゆっくり、優しい声で伝える」**は、『発達科学コミュニケーション』の「３Ｓ」というテクニックです。「３つのＳ」という意味で「Smile（笑顔で）、Slow（矢継ぎ早ではなくゆっくりと間をとって）、Sweet（優しい声で）」を指しています。呪文のように「スマイル・スロー・スウィート」と心で唱え、意識してください。

さて皆さん、指示や提案が必要な場面を思い出してみましょう。

着替えやお風呂など、してほしいことをなかなかしてくれないとき。あるいは、「ジュースはもうおしまい、お水にしよう」などと、気持ちや行動を切り替えるとき。

そう。指示や提案が必要な場面では、「早くしてくれ！」と大人がイライラしていることが多いのです。

とはいえ、感情に任せて声を荒らげ急かしても、子どもは動いてもくれないし、指示や提案に応じてもくれません。こうせい君のママにならい、子どものネガティブな感情を引き起こさないように、穏やかに伝えることが大事です。

そこで「３つのＳ」をマスターしましょう。

１つ目のＳは「Smile（笑顔で）」です。

文字通り、「笑顔で提案しましょう！」という意味なのですが、「ですよね……」と思った方がいると思います。実はかつての私も「笑顔が大事。でしょうね……」と少し冷めた見方をしていました。しかし、**子どもの脳が「楽しそう！」とか「簡単そう！」と感じることで動き出しやすくなることが大事**と聞いて、納得しました。

さらに真顔を見ると、子どもの脳は「この人怒ってる！」と捉えてしまい、フリーズしたり動きにくくなったりすることもあると聞いて、ギクリ！としました。なぜなら、私は真顔で次々と指示をしていたからです。

こうせい君のママも、決して怒ってはいなかったのですが、仕事で忙しい朝は「着替えて！　食べて！」と真顔で次々と指示していました。すると、こうせい君の脳がママに叱られていると捉えてしまい、泣いたりフリーズしたりして悪循環に陥ってしまったのです。

笑顔は大げさなくらいでちょうどいいでしょう。忙しいママやパパは特に意識して笑顔で提案をしていきましょう。

2つ目のSは「Slow（矢継ぎ早ではなくゆっくりと間をとって）」です。

動作がゆっくりな子どもの世話をするとき、親はついつい「着替えて」「食べて」「ほらこぼした」「ちゃんとフォーク使いなさい」と、矢継ぎ早に次々と話しかけてしまいがちです。しかし、**矢継ぎ早に指示されても、自閉症の子の脳は処理しきれません。**

脳は「食べなさい」と言われてから処理を始め、「さあ食べるか」と脳から指令が出て、ごはんに手を伸ばします。この一連の流れを、子どもは大人のように素早くできません。自閉症児なら、なおさらです。

それを知らずに「言っても動かないのは、ちゃんと聞いていないのかしら?」と矢継ぎ早に声をかけてしまうと、せっかくじわじわと処理を始めた子どもの脳に別のことばが次々と入ってきてしまい、脳は混乱。子どもが動けなくなっても当然です。

こうせい君のママの場合も、ゆっくりと間をとりながら「お姉ちゃんにぬいぐるみを返してね」と伝えたからこそ、こうせい君が以前のように「ママ、イヤ!」とネガティブな感情を爆発させず、ママの提案に応じることができたのです。ここまでできれば、あとは「ありがとう」と褒めるだけです。

3つ目のSは「Sweet(優しい声で)」です。

角のある厳しい口調より、**丸みのある甘めの声のほうが脳に届きやすい**のです。子どもに近づいて優しい声で「着替えるよ」と伝えるだけで、びっくりするほど動けるようになるお子さんは多いです。

キッチンから別の部屋にいる子どもに対して、大きな声で「起きなさい！」「食べなさい！」と言ってしまうことはありませんか？　大声は脳が「怒られた」と勘違いしやすく、特に大きな音が苦手な子や聴覚過敏の子にとっては負担になります。

しかし、子どもに近づいていけば大きな声を出す必要はなくなりますし、優しい声を出そうと意識すれば自然と笑顔になります。ゆっくりと間をとりながら声かけをすることで、子どもがスイスイ動けるようにしていきましょう。

同じトーンで繰り返す

「３Ｓ」で指示や提案をしても、１回目の声かけでは子どもは動かないものと思っていてください。ではどうするかというと、**間をおいて同じトーン・同じことばで指示や提案を繰り返し**ます。

最初は優しく「お風呂に入ろう！」と声をかけていても、子どもがすぐに行動を起こさないと「お風呂まだ入らないの？」「お風呂入ってって言ってるよ！」「お風呂早く入れって言ってるでしょ！」と親はだんだんエスカレートしていきがちです。私もよくやっていました。しかし、これは親もイライラするうえに、あまり効果がありません。

その代わり、同じトーン・同じことばを使って「5回繰り返す」と決めておいてください。4回目か5回目でやっと子どもは「あっ！　ママがお風呂に入ってって言ってるんだ」と初めて聞いたかのように気づきます。親がエスカレートしている途中で気づくと「ママなんで怒ってるの？」と驚いて戸惑ったり、抵抗して動けなくなったりします。

5回言っても動かないときは諦めて、他のテクニックを試してみましょう。

【テクニック６】164ページ　うみちゃんの事例から

正しい『ディスタンシング』で癇癪《かんしゃく》を減らす

叱っても効果は続かない

癇癪《かんしゃく》、奇声、自傷行為は、叱ってもほとんど効果がありません。

効果がないどころか、さらに子どもの癇癪《かんしゃく》がひどくなり、夫まで怒り出して、そんな夫に私が怒鳴ってしまう――。これはかつてのわが家の様子です。毎日のように家族みんながイライラしていて、収拾がつかない状態でした。

自閉症の娘は、脳の特性ゆえに、ダメだとわかってはいるけれどやめられない。叱られて嫌な思いをしても、またやってしまう。たとえそのときはやめられたとしても、結局どうすればいいのかわからなくて、良い行動が定着しなかったのです。私のほうも叱ったところで効果はないとわかっているのに、叱ることでなんとか人に迷惑かけない子になってほしいと必死でした。

うみちゃんも娘と同じで、ことばで気持ちを伝えることができずに、癇癪《かんしゃく》を起こしてしまうお子さんでした。周囲の目を気にして、ママも必死です。抱っこしてその場を離れようとしたり怒鳴ったりしてしまい、楽しいはずの家族旅行がとてもつらい経験になってしまいました。

そこで、うみちゃんのママには、勇気を持って癇癪《かんしゃく》をスルーするようにしてもらいました。『発達科学コミュニケーション』のテクニックで、「ディスタンシング」と言います。ただスルーするだけではうまくいきません。うみちゃんのママがどうやって癇癪《かんしゃく》を減らす対応をしたのか、解説していきます。

「ディスタンシング」を成功させる3つのポイント

癇癪《かんしゃく》など、**子どもの困った行動が始まったとき、見て見ぬフリでスルーして待つ**のが

「ディスタンシング」です。しかし、単にスルーすればいいというわけではありません。**「スルー&褒め」を必ずセットで**おこなわないと効果は現れません。

「ディスタンシング」をする際に、必ず押さえていただきたいポイントが３つあります。

ポイント①　視線も体も子どもに向けない

注意したり、叱ったりしてから見守るのでは意味がありません。「あなたが泣いていることにも気づいていない」「あなたのしていることを全く気にしていない」という態度を貫いてください。何も言わず、視線も体も向けず、ひたすら気づかないフリをして待ちます。待つ間は、ふだん通り機嫌良く家事などをして過ごしましょう。

ポイント②　否定的な表情や態度を示さない

「ディスタンシング」の間は、イライラオーラを出してはいけません。表情や態度から「イライラしているから、あなたに取り合わない」と子どもに伝わってしまったら逆効果です。にらむのも、ため息をつくのも、もちろんＮＧです。少しでも癇癪がおさまったらすぐに褒めてあげられるよう、準備をしながら待つとイライラも減っていきますよ。

ポイント③　好ましい行動が出たら褒める

子どもが怒るのをやめて違う行動を始めたり、「ママー」と怒りながらでも何かをことばで伝えようとしてきたら、すかさず褒めましょう。「着替えるんだね！」「ママってことばで伝えようとしてくれているね」と、子どもが始めた行動を褒めることが大事です。「泣きやんだのね」「怒るのやめたね」などと声をかけると余計に怒る子には、「牛乳飲もうか！」というように次の行動に誘う声かけがおすすめです。

中途半端な「ディスタンシング」は逆効果

「ディスタンシング」は絶対に中途半端にしてはいけません。困った行動が余計にひどくなりますので要注意です。

例えば、癇癪《かんしゃく》を起こしている子に「ディスタンシング」をしていると、ママやパパを叩きはじめる子がいます。スルーされると子どもはもっと激しくアピールしないと気づいてもらえないと思い、一時的に困った行動がエスカレートしていきます。そのときに「痛い！」「やめなさい！」と反応すると、これくらいやらないとママやパパは反応しないんだと誤って学習し、次からさらに激しい癇癪《かんしゃく》を起こしてママやパパを叩くようになります。

正しく「ディスタンシング」ができれば、1週間程度で癇癪《かんしゃく》は減っていきます。覚悟を決め、グッとこらえて取り組みましょう。

【テクニック7】176ページ　陸君の事例から
ボディーランゲージを使って褒める『ジェスチャー』

視覚を通して褒める

陸君は視覚を通して情報入力や情報処理をすることが得意なタイプでした。昔からパズルが得意で、写真やテレビで見たものをブロック玩具や積み木で再現できる才能をお持ちのお子さんでした。陸君のように、自閉症の子は視覚情報を扱うことが得意な子が多く、**視覚的にジェスチャーで褒められたほうが脳に届きやすいという特性**があります。そんな子には、肯定的な声かけよりも、肯定的なジェスチャーを使うほうが効果的です。積極的に使ってほしいと思います。

陸君のママがしていたように、**笑顔にジェスチャーをプラスする**ことを意識するとよいでしょう。知的障害があるお子さんは、大げさなくらいでちょうどいいです。脳に「褒める」を届けるつもりで、恥ずかしさを捨てて全力でジェスチャーをしましょう。

続けることで、陸君のように子どもがジェスチャーをまねてくれるようになったり、ママのことをジェスチャーで褒めてくれるようになったりします。人をジェスチャーで褒められるようになったら、コミュニケーションがまた一段階進みますね。

疲れ切ったママやパパはジェスチャーで乗り切ろう

実はこのジェスチャーには、もう1つの重要な役割があります。

親だって人間、疲れ切ってどう頑張っても「今日は褒められない」というテンションの日があると思います。体調を崩して、声を出すのもしんどいときだってあるでしょう。もしママやパパが不調で、子どもに否定的な声かけや素振りをしてしまうくらいなら、ほんの一瞬、笑顔でグッジョブサインをして立ち去ってもいいのです。ママやパパに心身の余裕がないときでも、子どもには肯定的なコミュニケーションで接してあげられるよう、ジェスチャーで乗り切るテクニックがあることを覚えておいてください。

左ページに日常生活で使えるジェスチャーをご紹介します。

視覚で褒めるジェスチャー集

グッジョブサイン

「よくできたね！」「うまくいったね！」

「上手だよ！」「頑張ったね！」と言う代わりに

拍手

「すごいね！」「上手だね！」「頑張ってるね！」

「やればできるね！」と言う代わりに

OK サイン

「それでいいよ！」「間違ってないよ！」

「わかったよ！」「よくできました！」と言う代わりに

ハイタッチ

「やったね！」「頑張ったね！」「うまくいったね！」

「うれしいね！」と言う代わりに

番外編　折り紙プラカードを作ってみよう

視覚を通して褒める方法は、ジェスチャー以外にもあります。私は折り紙で作ったプラカードに褒めことばを書き、すぐ取り出せるようリビングのペン立てに差して使っていました。下の写真が、実際に使っていたものです。明るい声かけで褒められない日も、このプラカードを出すと娘はとてもうれしそうに反応するようになりました。かわいい折り紙を使ったり、子どもが喜びそうなイラストを描いたり、各ご家庭で工夫してみてもよいでしょう。

第6章

おうち療育のよくあるお悩み NG対応とOK対応

01 褒めても反応しません

NG対応 × 褒めるのをやめる

ある学校で先生から、「この子は褒めてもうれしそうにしないので、効果がないのでは？」と言われたお子さんがいました。反応が薄いのは脳が未熟なだけで、褒めなくてもいい理由にはなりません。

褒めことばは刺激となって子どもの脳に入ります。脳が褒めことばの意味や褒められた雰囲気を理解して、表情筋に指令を出し、うれしそうにニコッと笑う――。これが、褒められてうれしそうに笑う子のメカニズムです。

一方、褒めても反応しない子は、理解力が足りなかったり、うれしいと感じる脳がまだ育っていなかったり、表情筋を動かせという指令がうまく出せなかったりと、脳の発達が未熟なだけなのです。**褒めても反応しないからと、褒めるのをやめてしまったら、脳の成長を諦めたようなもの**です。褒めなくてもいい子は1人もいません。

OK対応◎ 褒めことばで会話をスタートしましょう！

「今日もかわいいね、おはよう。ごはん食べよう！」
「いいね、絵を描いてるんだね。そろそろお風呂に行こう」
など、**褒めことばで会話をスタートすると、褒められたという肯定的な情報によって、大人の指示や提案の声かけが子どもの脳に届きやすくなります。**

一方で「着替えなさい！」「食べなさい！」とまるで上司のような命令口調の指示から会話が始まると、子どもは聞く耳を持ちません。親が褒めたいときにだけ気まぐれに褒めても、子どもの脳には届きません。もし、子どもが自分の世界に入り込んでいて話を全く聞いていないときは、顔を近づけたり、肩や背中を優しくタッチしたりして、こちらに注意を向けさせてから褒めると効果的です。

子どもがまだママのおなかの中にいたころは、たとえ反応がなくても目に見えない命に向かって声をかけていましたよね。同じように、褒めても反応しない子であっても、目に見えないその脳に向かって、優しく明るいトーンで褒めことばを届けてください。

これを3カ月続けることで、反応の薄かった子が目を見て笑ってくれるようになったという事例は数えきれません。

02 こだわりが強すぎてストレスです

NG対応 ✕ 注意する

自閉症児のこだわりや執着は、不安に対する「SOSサイン」です。こだわりの強い子は感情をつかさどる脳が未熟な場合があり、理解力が乏しいとさらに強く執着します。不安から脳が何度も同じ指令を出してしまうことが原因なのですが、親にしてみれば「いい加減にして！」と注意したくもなるでしょう。しかしそれでは悪循環。**注意されるほど子どもはますます不安になって、執着が強くなるだけ**です。

一方で「お気に入りのトレーナーしか着ない」「食パンしか食べない」といったこだわりは、感覚過敏が原因です。しかし、感覚過敏はどんなに声かけで克服させようとしても困難です。感覚過敏によるこだわりは、まず『発達科学コミュニケーション』の肯定的な声かけを続けながら脳を育て、ことばの力を高めながら**感覚過敏を和らげる**必要があります。長期的な視野で取り組んでいきましょう。

OK対応① ◎ こだわりを上手に生かす

「同じルーティンにこだわる」という困りごとは、見方を変えると**「ルーティン通り動ける」**という長所でもあります。

例えば、視覚情報が得意な子なら、療育先で使うようなお支度ボードを用意するだけで、するべきことが明確になるばかりか、ルーティンとして習慣づけしやすく、次第に自分で身の回りのことができるようになるでしょう。

OK対応② ◎ こだわりを受けとめてから少しずらす

「青い靴、はきたい」「自分でカバンを持ちたい！」など、受け入れ可能なこだわりであれば、受け入れてあげましょう。どうしても受け入れがたい状況で、子どもが泣いたり怒ったりしたときは「こっちがいいね」「こうしたいんだね」と子どもの気持ちを代弁してあげながら受けとめ、落ち着くのを待ちます。

子どもが落ち着いてきたら「こんなのもあるね！」「こんなこともできるね！」などと、**こだわりの焦点を少しずらして提案**してみましょう。

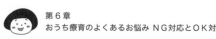

03

ご褒美をあげないとやらない子になりそうです

NG対応 × ご褒美禁止令

子どもに言うことを聞かせるのに〝ご褒美で釣ってはいけない〟と思い込んでいるママが多くいらっしゃいます。知らぬ間におばあちゃんがあげてしまうチョコレートや、週末ごとにパパが買ってあげるミニカーなど、神経質になっても大人の人間関係がピリピリするだけです。

むやみにご褒美を禁止する必要はありません。**ご褒美は人を行動させるための道具**と考えましょう。大人だってお給料がもらえるから働けますよね。脳だってご褒美がもらえると喜び、意欲が上がって、行動できるようになるのです。

ご褒美は行動が定着するまでの間だけ。行動が定着すると、ご褒美は自然と不要になります。ふだんから褒める声かけをしっかり届けていれば、ご褒美をもらわないと何もやらない子にはなりませんから、安心してください。

ＯＫ対応◎ ご褒美をふんだんに使う

自閉症児のことばの脳を発達させるには、行動させることが大事です。声かけを聞いて処理し行動する脳と、ことばを話す脳は、とても近い位置にあるため、上手に褒める声かけをしながら子どもが自分でできる行動を増やしていくと、ことばの脳が刺激されてスピーディーに発達します。

まずは親の言うことを聞いて動くことが大切ですから、**行動を促す手段として、ご褒美はふんだんに使ってもＯＫ**なのです。

実際に私も、自閉症の娘をチャイルドシートに乗せるのに苦労した時期がありました。毎回スティックパンをご褒美に、なんとか言うことを聞かせていました。しかし、褒める声かけを実践するようになってからは、私が笑顔で提案すれば、ご褒美なしでも自分から車に乗ってシートベルトを締めるようになりました。

大事なことは、**ご褒美で行動させたら、しっかり褒め終わるようにすること。**褒める声かけができていれば、いずれ良い行動が定着し、ご褒美なしでも褒める声かけだけでできるようになっていきます。

04 禁止したり脅したりするほうが効果がありますがダメですか？

NG対応✕ 「もうやらせないよ」

テレビを見るのをやめない子には、「もうテレビは見させないよ」といった禁止や脅しの声かけをしたほうが、確かに即効性を発揮するかもしれません。

しかし、何度脅しを続けても一時的な効果で終わってしまい、持続することはありません。その結果、同じ脅しを何度も繰り返すことになり、良い行動は一向に定着しないので、この声かけはNGです。

子どもを褒めて認める肯定的な声かけは、行動を定着させる効果がありますが、脅し文句では何も変わりません。親は雷を落とし続けなければならず、子どもも良い行動が定着しないので、親子がただ疲弊《ひへい》していくだけです。それればかりか、脅しの声かけで親子の関係は悪化し、しまいには親の言うことを聞かなくなるという悪循環に陥りますので、絶対に避けたい対応です。

ＯＫ対応◎「〇〇したら▲▲できる！」

脳は楽しいことを好み、楽しいと活発に動きます。

お子さんの楽しみはなんでしょう？

幼稚園の遊具、小学校の給食、夕方のテレビ番組、休日の買い物、なんでも構いません。**お子さんのお楽しみポイントを見つけて、**「幼稚園に行けば、ブランコに乗れるよ」「学校に行ったら、給食のカレーが食べられるよ」「先に宿題を終えられたら、『〇〇マン』が観られるよ」「今日学校に行けば、明日は買い物に出かけるよ」のように、「〇〇したら▲▲できるよ」のフレーズを使って声をかけてみましょう。すると子どもの脳が楽しいと感じ、動き出します。

私はいつも「早く朝の支度をしないと、登校班のみんなを待たせるよ！」と娘を急かしてばかりいましたが、それだけだと娘はなかなか動きませんでした。ところが、給食が好きで先生に連絡帳を出すのを楽しみにしている娘に、「今日の給食はうどんだよ」「連絡帳を先生に届けてね」と娘のお楽しみポイントを話題にして声をかけながら、「今日学校行ったら明日は休みだね！」などと伝えると、朝の支度がスムーズにできるようになりました。

05

発語がなくコミュニケーションさえできません

NG対応 × 親が一方的に話しかける

言語だけがコミュニケーション手段ではありません。発語のないお子さんでも、視線や表情、身振りや態度によって「いや」「うれしい」「見て」「やって」などの意思表示をしています。これを**非言語コミュニケーション**と言います。

しかし大人は、ことばを使わない非言語的な発信を見逃していたり、軽視しがちです。子どもにしてみれば、せっかく出した小さな意思表示のサインをママやパパに無視されて、一方的に次々と話しかけられても、**発語の土台となるコミュニケーション意欲は湧いてきません。**

「この子はまだ発語がないから」といって、コミュニケーションがとれないと決めつけないでください。親が言語コミュニケーションだけにこだわっていると、子どものことばが出るようになってからも親子の意思疎通に行き詰まりが生じます。

OK対応◎ 非言語コミュニケーションを大事にする

子どもの視線、表情、身振り、態度も、立派なコミュニケーション手段です。おうち療育が上手なママやパパは、たとえ子どものことばが出なくても、焦ることなく、非言語コミュニケーションを大事にしています。

わが子をよく観察して、子どもが喜ぶことをしてあげましょう。抱っこ、こちょこちょ、「いないいないばあ」などの**スキンシップは、ことばの脳を発達させるコミュニケーション意欲の源泉**です。

一方で、ママやパパも実は非言語的な情報をたくさん発信しています。

例えば、服装はすぐに変えられる非言語コミュニケーションです。明るい色の服は似合わないからと暗い色の服ばかり選ぶ方もいますが、明るいトーンの服や赤い口紅など、目に入る情報を明るく楽しそうな雰囲気に変えることで、子どもに伝えられるメッセージがあります。

発語がなくても、**非言語コミュニケーションを通して、子どもと会話の土台を築いていきましょう。**

06

言っていることを全く理解していません

NG対応 ✕ 絵カードで名詞と動詞を教え込む

理解していることばが少ない子どもの中には、落ち着きなく見える子が一定数います。彼らは**見えている世界や親の働きかけが理解できずに、不安で混乱している状態**です。大人でもストレスから貧乏ゆすりをするように、体が勝手に動いてしまうのです。

絵カードに興味が持てればいいのですが、興味のない絵カードを見せてことばを覚えさせようとするのは、やや強引です。皆さんだって、怒ってばかりの上司から興味のない象形文字のカードを見せられても、覚える気が起きないどころか、ストレスに感じますよね。私だったら嫌で嫌で、貧乏ゆすりが出るかもしれません。

同じように、名詞さえまだ理解できていないお子さんに、動詞もセットで覚えさせようとしても、ことばの発達段階を飛び越しているので理解は困難です。フランス語の単語もわからないのに、いきなり文法を教えられているようなものです。

ＯＫ対応◎ 子どもの興味があるものを一緒に見る

ことばを理解する最初の段階では、まず195ページで解説した「ジョイントアテンション」を育てることが先です。

まず、**子どもの興味があるものは何か、一緒に注目**してみましょう。ママのパーカーのひもに興味があるなら、大チャンスです。ひもをくねらせたり、隠したりして、一緒に遊びましょう。楽しいと感じると脳は快楽物質のドーパミンを分泌し、気持ちが安定します。

子どもが興味を持ったもので一緒に遊ぶことで、**親子の愛着が深まり、コミュニケーション意欲も育まれます。**知育玩具である必要はありません。身の回りにあるもので、子どもの興味を引くもののほうが、ずっと能力を伸ばせます。

パーカーのひもだったら「ひもだね」「黒だね」「２本あるね」「丸くなったよ」「くねくねしてるよ」など、明るく声をかけていきましょう。ことばの脳を刺激し、理解する力も伸びていきます。遊び心たっぷりに、ものの名前、色、形、数をことばで伝え、ときには「ビョーン」「ブラブラ」などの擬音語・擬態語を交えながら、楽しそうに声をかけるよう心がけましょう。

07 発話が不明瞭です

NG対応 × 言い直しをさせる

もしお子さんが「新幹線」を「ちんかんてん」と言ったら、あなたはどうしますか？「〝ちんかんてん〟じゃないでしょう。〝しんかんせん〟だよ。ほら、ゆっくりでいいから言ってみて」などと言い直しをさせないでください。

ことばが出るのが遅かったお子さんは、発話の不明瞭さが残りやすいものです。また舌や喉の筋肉が弱いせいで、無意識にそうなっている可能性もあります。「あ行」の母音は先にはっきり出てきますが、「さ行」「た行」は特に不明瞭さが残りやすい傾向があります。大人が気にしすぎて、正しく発音させようと躍起になるのはNG対応です。

何度も言い直しをさせていると、子どもは人前で話すことにストレスを感じるようになります。自信がなくなり、ことばどころか遊びまで消極的になってしまうこともあります。これではことばの脳が動きませんので、注意しましょう。

OK対応◎ 親がさらりと正しい音を聞かせてあげる

もし子どもが不明瞭な話し方をしたら、それを叱って正すのではなく、**正しい音を会話の中で自然に聞かせて**あげましょう。

「ちんかんてん（新幹線）」と子どもが言ったなら、「うん、しんかんせんだね！」とまるでアナウンサーのように明るくはっきりした声で正しい音を聞かせるのです。

発話が不明瞭なお子さんには、**口の周りの筋肉を鍛えることも効果的**です。食事をするときに、よく噛《か》むよう促しましょう。ことばで声かけするだけではなく、ぜひママやパパが一緒になって、よく噛むところを見せてあげてください。私も、まず自分がゆっくり噛むことを実践し、子どもたちの前で見せるようにしています。

私の娘は他にも、言語訓練の先生に教えていただいた笛ラムネを吹いたり、ストローで泡をぶくぶくさせたり、メガネ型の長いストローや鳥の形をした水笛など、口の筋肉を鍛える遊びを取り入れていました。幼児期はほとんどできませんでしたが、小学校に上がってからはずいぶん楽しめるようになり、発話も明瞭になっていきました。

口を使う遊びも楽しみながらおこなうのがコツで、無理に訓練させようとしなくても大丈夫です。まずは、親が楽しそうに遊ぶ姿を見せるところから始めましょう。

08 ことばの語尾や語頭しか出ません

NG対応 × 心配で睡眠時間を削ってネットサーフィン

子どものことばの発達に気をもんで、何度も言わせようと躍起になったり、寝不足になるまでインターネットで調べたりする必要はありません。睡眠時間が減れば、ママやパパもイライラして口調も厳しくなってしまいます。「語尾だけじゃ伝わらないでしょう！」と怒ってしまうと、子どもは萎縮して、かえってことばの脳が動き出しません。

ことばが出はじめる時期に、ごちそうさまの「ま」やりんごの「ご」といった単語の語尾（最後の音）しか出なかったり、反対においしいの「おい」など単語の語頭（最初の音）しか出ないケースは、自閉症児に限らず定型発達のお子さんでもよく見られます。

語尾や語頭だけしか出ない理由は、ことばの全部を覚えられていなかったり、口の周りの筋肉が未発達でうまく言えなかったり、ことばのまとまりをざっくりと捉えているので言いやすい部分だけが出ているといった原因が考えられます。

ＯＫ対応◎ 言いたいことを受けとめて笑顔で接する

発話が不明瞭なケースと同様に、言い直しはさせずに笑顔で受けとめ、ママが正しい音を聞かせてあげましょう。

子どもの言うことが聞き取れずわからないときは、**伝えてくれようとしていることに感謝や敬意を表して笑顔で対応**します。子どもの表情やしぐさ、前後の文脈からできるだけ汲み取ろうと努力しているところを見せてあげてくださいね。

それでもわからないときは、お子さんの隣に並んで「伝わらなくて困っちゃうね」「ママわかってよ、って感じだよね」と子どもの気持ちを代弁してあげましょう。対面で話すのではなく、隣に並んで一緒に困ってあげることが大事です。

私の娘も年長のときに「ち、こー」と言っていたのですが、「おうち、いこう（1階へ行こう）」という意味だと気づくのにずいぶん時間がかかりました。もっと早く受けとめてあげていれば、娘の「伝えたい気持ち」やことばをもっと早く育てられたかもしれないのに……と後悔しています。

皆さんは、**お子さんの「伝えたい気持ち」を受けとめる会話**に、ぜひチャレンジしてみてください。

09 一方的に話すばかりで会話が成り立ちません

NG対応 × 面倒くさがる

会話が成立しない子どもの一方的な会話に付き合うことは、確かに面倒くさいかもしれません。だからといって、ママやパパが面倒くさそうな態度をとってしまうと、子どもに否定的な印象を与えかねないので、注意しましょう。

怒る、叱る、面倒くさがるといった否定的なコミュニケーションが多くなるほど、子どもの「空気を読む脳」は育ちづらくなってしまいます。

子どもが一方的に話しかけてくるとき、その場しのぎの対応で適当に受け流していると、子どもの会話力はなかなか発達せず、解決には至りません。すると同じ状況が繰り返され、その都度子どもの対応に困ってしまいます。

それよりも、根本的な解決のためには、長期的に脳を伸ばす対応が必要です。ふだんからわが子の良い行動をしっかり認め、少し大げさなくらいに褒めていきましょう。

ＯＫ対応◎ 必殺・おうむ返し

一方的に同じことを繰り返したり、自分の興味のあることばかり話すお子さんには、「おうむ返し」をしてください。

一方的に話しているとはいっても、決して独り言を言っているのではありません。子どもはママやパパに伝えようとしているのです。**自分の話を「聞いてもらえている！」「認めてもらえている！」という喜びを感じさせてあげることが大事**です。

以前、道路標識の名前をひたすらしゃべり続ける年中のお子さんのママに、〝必殺・おうむ返し〟を伝授したことがあります。「止まれだね」「横断歩道だね」「追い越し禁止を守らなかったら、おまわりさんがくるね」というように、お子さんのおしゃべりにそのままおうむ返しをしたり、お子さんが言わんとしていることを要約して返したりしていただきました。もちろん、ふだんの生活では大げさなくらい褒める声かけも実践してもらいました。

すると１カ月後、そのお子さんの一方的な会話が減り、ママの質問に初めて答えるという成長を見せてくれたのです。

「一方的な会話には〝おうむ返し〟」と覚えてくださいね。

10 子どものおうむ返しに困っています

NG対応 ✕ おうむ返しに一喜一憂する

おうむ返し＝自閉症というイメージが強いせいか、わが子がおうむ返しをするたびに落ち込んでしまう親御さんがよくいらっしゃいます。しかし、本当に困っているのは、お子さんのおうむ返しなのでしょうか？

確かに、表に見えるお悩みは、子どもがおうむ返しばかりで会話が成立しないことです。しかし本当の問題は、親がわが子に「自閉症の○○君」というレッテルを貼ってしまっていることかもしれません。

想像してみてください。もし、あなたががんを患い、周囲から「がん患者の○○さん」と呼ばれたら、あなたやご家族はどう思うでしょう。たまたま患った病気の名前を代名詞にされるなんて、あまりにも悲しくて寂しいことです。自閉症も同じです。決してお子さんの代名詞ではありません。ありのままのお子さんを受けとめてあげましょう。

ＯＫ対応◎　肯定的に受けとめる

おうむ返しはれっきとしたコミュニケーションです。

ママの「プール入ったの？」という声かけに「プール入ったの？」とことばで反応するのは、実はすごいことなのです。ママやパパのことばを聞いて、ことばを返す——、これは子どもがコミュニケーションをとろうとしていることに他ならないからです。

自閉症の子は、約80％が知的障害を併発するとされています。おうむ返しをするお子さんは、脳が未熟で質問の内容や、場合によっては質問されていること自体わからず、ただことばを繰り返しているだけかもしれません。

「おうむ返しは自閉症っぽくて嫌だ！」と落ち込まず、まずお子さんが**大人と同等のことばを聞き、覚え、正確にことばを再現して発していることを褒めてあげてください。**褒めると会話力が伸びます。

おうむ返しをする子に「ことばを話してくれてありがとう」と言いましょう。これは嘘でもおだてでもありません。いまは返すことばが思いつかなくても、**褒めてことばのキャッチボールを繰り返すことで、子どもは自然と会話の練習をしているのだ**と理解しておきましょう。

11

園であったことを聞いても答えられません

NG対応 ✕ 質問攻めにする

聞いても答えられないということは、**まだ質問に答えるという発達段階に到達していないのです。**質問攻めにしても意味がありません。

答えられない理由は、質問自体が理解できないケースと、質問は理解できてもどう答えていいかわからないケースがあります。「園で何した？」と聞かれても、歌も歌ったし、すべり台もしたし、お弁当も食べたので、子どもにとっては答えづらい質問です。

以前、「給食、何食べた？」とお子さんにいくら聞いても答えない、と悩むママがいらっしゃいました。後になって、幼稚園では先生が「お弁当」と呼んでいたので、ママの言う「給食」が理解できなかったのだとわかりました。その園の給食はお弁当として配膳されていたんですね。次から「お弁当、何食べた？」に変えると、きちんと答えられたそうです。

この場合、ママの質問に答えるためには「お弁当」という名詞、「食べる」という動詞、「何を」という疑問詞の3つを理解していることが前提条件です。質問の答えが返ってこないときは、**子どもにわからないことばを使っていないか**、見直してみてくださいね。

OK対応◎ 絶対に答えられそうな質問からスモールステップを踏む

質問の声かけには、ことばの発達段階によって、次のようなステップがあります。いきなりハードルの高い質問をしても、子どもはうまく答えられません。いまの発達段階なら絶対に答えられるであろう質問を用意して、**スモールステップを踏みながら子どもの答えを引き出してあげる**ようにしましょう。

①目に見えているものを2択から答えることができる

例 親「これはりんご? バナナ?」

子「りんご」

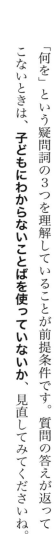

②疑問詞を理解し、目に見えているものを答えることができる

例 親「これはなんでしょう?」

子「りんご」

③今日の出来事を2択から答えることができる

例 親「今日は幼稚園? 療育センター? どっちに行った?」

子「幼稚園」

※事業所名などいつも呼んでいる名称で聞きましょう

※今日・明日・昨日などの抽象名詞を理解しているかチェックしましょう

④クローズドクエスチョンで、今日の出来事をYESまたはNOで答えることができる

例 親「今日はプールに入ったの?」

子「うん。プール入った」

⑤疑問詞を理解し、今日の出来事を答えることができる

例 親「今日は何をして遊んだの?」

子「ブランコで遊んだ」

このように、目の前にいるわが子の様子をよく観察しながら、発達段階に応じて少しずつステップアップしていきましょう。

＊　＊　＊

さて、いかがでしたでしょうか？

第6章では、自閉症児を抱えるママやパパのお悩みの中でも、特にご相談の多いことばのおうち療育についてピックアップし、よくあるNG対応を挙げながら、脳の発達に良いOK対応をご紹介してきました。

自閉症児の困りごとは、周囲の否定的なコミュニケーションが多いほど悪化してしまいます。子どもの脳を良い方向に発達させたいと思うなら、まずは大人の対応を変えるべきです。そして、子どもにとって一番近くにいてくれる大人は、ママでありパパです。

ママやパパの日々の声かけが変われば、子どもは必ず変わります。

エピローグ　自閉症児が自立する未来をつくるために

自閉症の子どもたちがおしゃべりを楽しむ世界を実現したい

「自閉症でことばが遅い子どもたちに『発達科学コミュニケーション』を届ける！」

数年前にそう決めた瞬間、私はとんでもない恐怖に襲われて、『発達科学コミュニケーション』の創始者である吉野加容子さんの前で泣きました。

自閉症であるわが子のことばを伸ばせた実績はあっても、発語のない多くの自閉症児に再現できなかったら？　自閉症児でもしゃべれるようにするなんて、人前で言ってしまってもいいの？……と。

でも、そんな不安をはるかに上回る強い気持ちがありました。**自閉症の子どもたちがおしゃべりを楽しむ世界を、どうしても諦めたくなかった**のです。

私は娘とおしゃべりができるようになって、人生が一変しました。娘の表情も明るくなって別人のようです。この感動を、同じように苦しんでいるママやパパにも味わってほしい。そのために『発達科学コミュニケーション』を届けるのだと覚悟を決めました。

「科学」とは再現性があることです。再現性とは、同じ手法で同じ結果が導き出せることです。発達障害の子どもたちの脳を育てるメソッドを『発達科学コミュニケーション』と名づけた吉野加容子さんは、そこに再現性があることを確信していたのです。

そしていま、私の周りでは自閉症児のママやパパから、「初めてことばが出ました！」「笑顔で返事をしてくれました！」「質問に答えられました！」と奇跡のような報告が毎日のように届けられ、自閉症児でも『発達科学コミュニケーション』でしゃべれるようになることを数えきれないほど証明してくれました。

おしゃべり上達のその先を見据えて

3カ月という限られた期間で、発語のない子からことばを引き出し、単語しか言えない子が2語文を話せるようにするために、私もママやパパと一緒になって頑張っています。しかし、それが最終目的ではありません。その先が大事です。

自閉症であっても、知的障害があっても、子どもたちが生き生きと働ける未来を実現することがゴールだと私は思うからです。

いずれ親は死にます。わが子の手を離さないといけない日がきます。そのとき、子どもたちに必要不可欠なのは「コミュニケーションスキル」です。学校や社会で通用するコミュニケーションスキルを身につけて、生きていて良かったと子ども自身が思えるような自信を育てていくことが必要です。そのためには、いかに幼児期の間に言語発達の段階を進めておくかが大事なのです。

私の夢は自閉症の娘を「1億稼ぐ子」にすること

月に約20万円のお給料を18歳から60歳まで稼ぐことができたら、生涯年収は約1億円になります。自閉症であっても、知的障害があっても、仕事に就く力と仕事を継続する力さえあれば、私は「できる!」と信じています。

私が娘を「1億稼ぐ子」にしたい理由は、娘の好きなことに自分で稼いだお金を使えるようになってほしいからです。しかし、それだけではありません。**自閉症は障害なんかじゃない、脳の多様性なんだという『ニューロダイバーシティ(神経多様性)』を証明したい**からです。

「Neuro(脳・神経)」と「Diversity(多様性)」という2つのことばから生まれた『ニューロダイバーシティ』は、「脳や神経、それに由来する個人レベルでのさまざまな特性の違いを多様性と捉えて相互に尊重し、それらの違いを社会の中で活かしていこう」という考え方で、経済産業省も推進しています。

私は『ニューロダイバーシティ』を証明するために、わが子のことばを伸ばす専門家の人材育成を2022年からスタートしています。

わが子の会話力を伸ばした親が次の親へバトンを渡す

私が主宰する『わが子のことばを発達させる専門家になる！　自閉症ママ専用おしゃべり上達ラボ』では、自閉症児のママやパパに対して、新しい学びと働き方を提案しています。

自閉症児の子育ては、「ことばを出しておしまい」ではありません。年齢がくれば勝手に自立するわけでもない自閉症の子の世話を、ママやパパが孤軍奮闘でおこなうのは無理があります。『おしゃべり上達ラボ』には、自閉症児のママやパパが大勢集まり、**学校や社会に通用するコミュニケーションスキルを伸ばしてわが子が生き生きと働ける社会をつくろう、障害や特性があろうと決して食いっぱぐれることのない未来を目指そう**としています。そして『発達科学コミュニケーション』を実践しながら、実際に**わが**

子のことばを伸ばすことのできた親が、ことばの遅れに悩む次の親にメソッドを教え、次々とバトンを渡す——そんな新しい療育のスタンダードをつくりはじめています。

実際に、本書に体験ストーリーを寄せてくれた7人のうち、5人は私のプロデュースを受けながら在宅起業を果たしたトレーナーです。ほとんどが、自閉症の子育てを理由に仕事を辞めざるを得なくなったママたちです。登校の付き添いをはじめ、療育や病院、面談など、めまぐるしい日々を送っている彼女たちですが、自分でシフトを組みながら自宅でトレーナーとして活躍しています。ことばの発達の先生になることで、わが子のことばを発達させられるばかりか、社会貢献もできるやりがいのある仕事です。

私はたまたま前職で臨床心理士として働いていましたが、『発達科学コミュニケーション』のトレーナーの多くは普通のママたちです。わが子のために学んだ知識と実績を生かし、おのおのスクールを運営しています。自閉症児のおしゃべりを上達させるために、『発達科学コミュニケーション』を学びたいとお考えの方は、「この人と学びたい」というトレーナーを見つけ、ぜひ学びに行ってください。

また、「わが子のことばを発達させる専門家になりたい！」「わが子を発達させながらことばの先生になる挑戦をしたい」という方は、ぜひ私に会いに来てください。自閉症児のことばを発達させる先生が足りません。もう親が自分たちでやるしかないのです。自閉症児の子育てを誰かに解決してもらうのではなく、自分の手でやり遂げる力をつけたいと考えるママやパパを、全力で応援しています。

「わが子のことばを自分の手で伸ばしたい！」と願うと同時に「自分の人生を諦めたくない！」と考える人が増えることで、自閉症の子どもたちが生きやすい世界が実現できると私は信じています。いつも周りに謝りながら生きていくのはもうやめて、わが子との未来に夢を描く人生の第一歩を踏み出してほしいと思います。

最後に、悩んでいるママやパパの力になるならと、本書に赤裸々な子育て体験を寄稿してくれた7人に、あらためて感謝致します。発達科学コミュニケーショントレーナーの桜山尚さん、月山おとさん、長瀬楓さん、東原あやさん、水川ねねさん、そして発達科学コミュニケーションリサーチャーの萬田真由さん、横田聖子さん、ありがとうございました。また、本書の出版を支えてくださったパステル出版の楢橋真咲子さんにも、感謝申し上げます。

そして、私たち親子をおしゃべりを楽しむ世界に導き、私の人生をもプロデュースしてくださった『発達科学コミュニケーション』の創始者、吉野加容子さんに心より御礼申し上げます。ラボに入ったときに思い描いた「40歳の誕生日に本を出版したい」という夢が本当に叶いました。当時は夢を描くどころか、未来を諦め世間から隠れるように生きていた私たち親子の可能性を誰よりも信じていただき、本当にありがとうございました。これからは私が悩める親子の可能性を引き出すリーダーとなっていきますので、どうか楽しみにしていてください。

この本の出版を楽しみにしてくれた娘のゆずちゃんと弟のそう君、ゆう君、そして『発達科学コミュニケーション』の活動を応援してくれている夫にも、この場を借りて感謝を伝えます。

２０２４年　４月

発達科学コミュニケーションマスタートレーナー

自閉症ママ専用おしゃべり上達ラボ　代表　　今川ホルン

私が書いた詩を歌にした『I wish…』という曲の二次元コードです。

「わが子とおしゃべりしてみたい」と願う自閉症児のママにしかわからない気持ちを歌詞に込めました。

ぜひ１度、聴いていただけるとうれしいです。

[著者紹介]

今川ホルン

発達科学コミュニケーションマスタートレーナー。
帝京大学大学院修了。臨床心理学修士。公認心理師。株式会社ここから発達らぼ代表。

自閉症の長女を含む３児の母。埼玉県の病院で臨床心理士として働く中で長女を出産し、長女の自閉症の診断をきっかけに児童発達支援事業所に勤務する。その後、発達科学コミュニケーションに出会い「家での親の声かけ」が自閉症の子を伸ばしていくと確信。発達科学コミュニケーションのマスタートレーナーとして活動する。

わが子のことばの遅れに悩むママやパパに対し、子どものことばを伸ばすおうち療育『自閉症専用３カ月おしゃべり上達メソッド』を教えるとともに、トレーナーを育成している。

デザイン　白浜そら
ＤＴＰ　剣持真紀
イラスト　鳴海いくえ・名古屋和子
漫画　もりもとあい
編集　繭編集室

脳を育てれば会話力がみるみる伸びる！
ことばが遅い自閉症児のおうち療育

2024年４月30日　初版発行
2024年８月11日　３刷発行

著者　今川ホルン
発行者　楢橋真咲子
発行所　株式会社パステル出版
〒170-6045　東京都豊島区東池袋3-1-1　サンシャイン60-45階
電話番号（03-5979-2188）
印刷・製本　シナノ書籍印刷株式会社

万一、乱丁、落丁がございましたら、お取り替えいたします。
ISBN　978-4-9913024-1-1　C0037

パステル出版
https://desc-lab.com/books/